U0116506

《西遊記》教學
提升學生正向心理成效

蔡逸寧 著

商務印書館

責任編輯	余錦澄　黃家麗
裝幀設計	趙穎珊
排　　版	周　榮
印　　務	龍寶祺

《西遊記》教學提升正向心理成效

作　　者	蔡逸寧
出　　版	商務印書館（香港）有限公司 香港筲箕灣耀興道 3 號東滙廣場 8 樓 http://www.commercialpress.com.hk
發　　行	香港聯合書刊物流有限公司 香港新界荃灣德士古道 220–248 號荃灣工業中心 16 樓
印　　刷	美雅印刷製本有限公司 九龍觀塘榮業街 6 號海濱工業大廈 4 樓 A 室
版　　次	2023 年 7 月第 1 版第 1 次印刷 © 2023 商務印書館（香港）有限公司 ISBN 978 962 07 5930 7 Printed in Hong Kong

版權所有　不得翻印

特邀顧問（排名不分先後）：

李貴生博士（香港教育大學文學及文化學系）

林丹博士（香港教育大學心理學系）

盧婉婷女士（沙維雅模式督導員）

何志恆博士（香港教育大學中國語言學系）

何玉珍老師（中國語文科榮休老師）

張勵儀老師（中國語文科榮休老師）

特別鳴謝（排名不分先後）：

施仲謀教授（香港教育大學中國語言學系）

姚簡少薇女士（香港中文大學香港教育研究所）

林惠敏校長（東華三院港九電器商聯會小學）

沈耀光校長（五邑鄒振猷學校）

張麗珠校長（大埔舊墟公立學校）

鄭麗娟副校長（五邑鄒振猷學校）

關倩芬副校長（大埔舊墟公立學校）

協作學校（排名不分先後）：

東華三院港九電器商聯會小學

五邑鄒振猷學校

大埔舊墟公立學校

試教老師（排名不分先後）：

劉靄兒老師（東華三院港九電器商聯會小學）

蔡益慧老師（東華三院港九電器商聯會小學）

關綺婷老師（東華三院港九電器商聯會小學）

劉偉珍老師（東華三院港九電器商聯會小學）

馬文虎老師（東華三院港九電器商聯會小學）

陳邦彥老師（五邑鄒振猷學校）

朱星蓉老師（五邑鄒振猷學校）

許家睿老師（五邑鄒振猷學校）

陳敬文老師（五邑鄒振猷學校）

勞國軒老師（五邑鄒振猷學校）

陳偉玲老師（大埔舊墟公立學校）

曾睿思主任（大埔舊墟公立學校）

關瑞東老師（大埔舊墟公立學校）

鄧彩燕老師（大埔舊墟公立學校）

作者本人已盡力追溯版權與列明出處，如偶一不慎，漏列資料，謹此致歉，合法的版權持有者請與本人聯絡。

作者簡介

蔡逸寧

先後獲得語文教育榮譽學士、中國語言及文學文學碩士、學校諮商與輔導文學碩士和教育博士，擁有中學教學經驗，現任香港教育大學文學及文化學系一級講師。主要研究範疇包括中國語文教學、中國歷史教學、情意教學、輔導學、正向心理學等，曾在書籍、研討會、講座、報章分享研究成果及教學心得，曾發表論文及文章包括〈中國歷史科品德情意教學：以歷史人物為中心〉、〈體驗式學習——初中景物文化描寫單元寫作教學設計〉、〈結合沙維雅模式的繪本共讀流程〉、〈以文化人——《西遊記》的教學目標與設計〉、〈兒童繪本在情緒教學上的運用〉、〈動漫在漢語教學的應用〉、〈香港初小語文教學結合動漫元素的教學設計〉、〈冰山底層真相——再思第三組別學生〉等。第二屆「想創你未來——初創作家出版資助計劃」繪本組得獎者，獲資助出版項目為《我們來自心臨村》、設計及策劃桌上遊戲《勇闖迷霧森林》。另著有繪本《煩惱獅與魔法兔》。

中華文明有着五千多年的歷史，自先秦至明朝，科學技術長期處於世界前列位置。然而，在中華文化的皇冠上，最耀眼的寶石不是科技，而是人文，其中尤以文學為最。詩經、楚辭、漢賦、唐詩、宋詞、元曲、明清小說，皆所謂一代之文學。近年來，我的研究團隊聚焦古典詩詞，探討文學作品的品德情意功用，以培養學生積極向上的人生觀。同事蔡逸寧博士的研究團隊，則以小說《西遊記》創設教育現場，結合正向理念，採用沙維雅模式和榮格理論，透過多元教學資源，提升學生正向心理。

踏進二十一世紀，迎面而來的是高度都市化和加速數碼轉型的社會面貌。數碼化為人類帶來很多便利，卻也造成不少人的精神困擾和人際疏離，其中最讓人關注的一羣，就是學生。世界各地都倡導在各科引入學生輔導的教學目標，務求令學生能夠不斷思考、探索、創新和求變，以面對成長路上的各項挑戰。而在後疫情時代，香港學生經歷長時間遙距學習，缺乏羣體生活的歷練，可能引致感情和社交方面出現問題。

香港部分中小學在過去十多年已逐漸推行正向教育，所見多為校內老師以課外活動或週會形式進行，例如在早會或週會為學生安排正向講座，輔導組籌備學生成長營，訓導組舉辦領袖生訓練，甚至家教會也開設正向教育工作小組等，可謂各適其適，不一而足。在繁重的正規課程要求之下，老師要兼顧發展和推動正向教育，也着實不易。

《西遊記》是傳統的語文教學素材，或許有學生未讀過原著文本，但總會在教科書或其他故事書讀過一兩篇《西遊記》故事。蔡老師以正向心理學六大美德與二十四種性格強項，結合《西遊記》孫悟空的特質與行為，注入着重成長的沙維雅模式和心理學大師榮格的理論，透過多元化教學資源，使學生在學習過程中一方面能認識自己，同時又增強與他人互動溝通的能力，從而提升正向心理。

書中建議的教材及教學法並非天馬行空，而是經過實踐研究，驗證可行並可持續發展。參與試教的老師和同學都給予肯定的評價，師生可藉着教與學得以共同成長，增加對彼此的認識。各位老師讀過本書以後，如課文與貴校的教材相同，不妨就地取材；否則亦可參考教學理念及方法，按校本教材或學生年齡、語文程度調節施教，甚或安排在其他年級中實施。

蔡老師這個教學實踐，是一個很好的開始，從中可見經典教材的永續性。詩詞古文、話本小說，其實都各有其生命力，只看後人會不會尋寶。

香港教育大學教授
施仲謀
2022 年 9 月 28 日

　　你喜歡閱讀小說嗎？你閱讀小說時感到愉悅嗎？或者像一些學者的研究發現，閱讀小說可以提升社交技巧，培養正義感、同理心以及加強對生命的洞察力？

　　從語文教育的角度看，閱讀小說，像閱讀其他文本一樣，可以發展我們的語文技能，包括讀寫聽說的能力；同時，也可以培育我們的文化素養，以至品德情意內涵。語文是思想的載體，思想感情是語文的內容，中國語文科課程文件，例如課程發展議會 (2017) 編訂《中國語文教育學習領域課程指引 (小一至中六)》強調中國語文科應以全面培養學生的語文素養為目標，品德情意教育可由感情激發到理性反思，以情引趣，以情促知，進而自我反省，並在道德上自覺實踐。

　　甚麼是合適的道德教育？霍爾 (Hall, R. T.) 及戴維斯 (Davis, J. U.) (2003) 指出，道德教育「不是簡單地向學生灌輸某種規定或公認的信仰和行為」，因為人應有權自由自主進行理性思考，作出道德決定，因此，道德教育不應是「灌輸」(indoctrination)。中國語文教育新課程強調「以學生為主角，促進自主學習」，而不是以「教師為中心的教學」。「最有效的教學，是以學生為學習的主角，在課堂及其他學習場合，要讓學生自己主動經歷、積極參與活動。」

　　教學是一系列刻意引導學習的活動 (intentional activity)。施教者借助課程、教材，引導學生按照明確的目的，循序漸進地掌握一定的知識、技能、態度的活動過程。教學可以視作

探究問題的活動，也就是解決一連串涉及溝通、教導、激勵、評量等問題的活動。語文教師的角色在於「營造情境，有效地指導學生從熟悉的學習情境，遷移知識和技能。」

蔡逸寧博士的書跟各位分享如何在中國語文科應用榮格理論及沙維雅模式，以提升學生的正向心理。香港學校和社會各界現正進行不同形式的價值觀教育，例如道德教育、正向教育、品德／品格教育、生命教育等，形式雖或不同，但主要目標，還是協助同學「以樂觀和積極的態度，勇敢面對轉變和挑戰。」對於香港教學場景的需要，可算來得及時。

本書記錄了蔡逸寧博士進行中國語文科正向心理研究的歷程。教學理論雖浩如煙海，但必須嘗試、實踐，方能測試其在語文教學場景的實用效能。從本書陳述的實踐目標、設計，以至數據蒐集的分析，讀者可與作者（研究者）一起重溫有關實踐歷程，無論是語文教師，還是關心生命成長的人，相信這書都可以帶給你一些啟示。

值得一提的是，這書不只是蔡逸寧博士一人跟你分享，而是一羣有心的教育工作者一起嘗試進行正向心理教學的結果。從校本課程的角度看，有關嘗試針對不同學校的學與教需要，也帶來不一樣的教學結果與反思，值得各位細讀。

香港教育大學助理教授
何志恆
2022 年 9 月 24 日

推薦序三

一份緣！

被邀請寫序，難於推卻，是緣於一份微妙相遇相識之情。

逸寧是我母校的學妹，亦是我輔導課程的學員。從認識至今，逸寧都是滿懷熱誠和努力不懈的。知悉逸寧將會出版本書，我實在為她的成就感到高興！

逸寧的書，選用了中國古典文學《西遊記》中兩個充滿趣味又喻意深遠的故事 ——〈孫悟空三借芭蕉扇〉和〈孫悟空尋仙訪道〉。在各課題及多元化的教案中，讓孩童領悟內心的渴望和夢想，在堅持和努力下都能迎難而上，從而完成生命成長的挑戰。

書中結合了沙維雅「冰山理論」及榮格「原型理論」的分析，展示孩童在正向心理的氛圍下，面對挑戰、逆境和個人限制時，可以回歸本質，發揮潛能及完善品格。

個人很喜歡沙維雅的「冰山理論」。沙維雅分享每一個人都是獨特而唯一的，各自以獨特方式顯現成長的活力。孩童在愛及關懷中，他們的內在潛能必可以健康發展。了解人的本質，要從人的心理情意與掙扎中，一層層去探究。從自己的本質、渴求、期望、觀點與思想、感受、處理或應對的習慣、行為表現等的心理情意中探索。如觀看冰山一樣，不要單看浮出水面的景象，還需要探索冰山下隱藏的面貌。孩童的心事，是需要教育者敏銳觀察，細心聆聽及以真摯共鳴來詮譯的。

在人心探究的學問和心理知識中，榮格是分析心理學派的奠基者。榮格的「集體無意識」理論細說人心靈深處的奧祕。榮格形容人的集體無意識包括本能和原型。人擁有積極想像和超越個體的本能。本能是行為的驅動力，原型是經驗建構的模式，潛藏着內心深處的真實取向。原型種類繁多，在孩童的成長經歷中，能夠喚醒他們的「英雄原型」有助孩童發揮自身的潛能。

逸寧在書中更具體地介紹正向心理的重要元素，當中包括智慧與知識、仁愛、公義、節制、靈性及超越和勇氣，培育孩童建立正向心理，持守樂觀和堅毅的人生方向。

本書內容規劃有序，主題清晰，活動趣味性高而又有意義，並設計了精美教具給同工於教學時採用，教案準備詳盡又有心思。盼望讀者讀完本書後，會欣賞到逸寧於理念與實踐的努力，以及她在教學上的熱誠與創意！

香港中文大學香港教育研究所
學生輔導專業證書課程
前課程協同總監
姚簡少薇
2022 年 9 月

進行一個結合中國語文教育、榮格理論、沙維雅模式以及正向心理的研究，絕不容易。然而，這個主題意義非凡，自己也深信上述幾個範疇之間的關係有待學界進一步發掘，加上過往學與教的經歷以及眾人的支持，促使了這個研究的誕生，到了現在更順利完成。

我很喜歡中國語文科，我的觀點是：中國語文科本身已有莫大吸引力，學習本科的感覺是自由、輕快和充實的。除了語文知識的增長，名人的思想和篇章也教會我做人做事看得更深更遠。我讀到古人的壯志未酬、肝腸寸斷、憂國憂民、不畏權貴、隱居躬耕、及時行樂、豪邁灑脫、思念故鄉、懷才不遇、不勝唏噓⋯⋯我彷彿周遊了許多國家，訪問了各個階層的古人，自己的生命也因而多了「厚度」和「質感」。任職語文科老師時，我總是用新奇的方法，培養學生對語文科的興趣。我期望除了「知識」、「共通能力」和「品德情意」，學生可以從語文科獲得「更多」，這些「更多」能豐富他們個人生命的內在，甚至能提升社會的整體質素。

讀輔導時，我本着助人為樂的前題，踏上整理個人生命的旅程。我從過往的經歷拾回很多遺留了的碎片，拼出前所未見、越來越完整的一幅幅圖畫。尤其是當我學習沙維雅模式時，我驚訝自己一直擁有很多未覺察的資源，還有更多有待發掘的寶藏。這種「尋寶」、「豐盛」的感覺，跟語文科帶給我那生命的「厚度」和「質感」都深深觸動着我。我想到：語文科及生命都似是一個大寶箱，多少人走漏了眼，錯過了當中的

美好？那不是很可惜嗎？通過學習語文，令學生對生命有更正向的看法，成效會如何？沙維雅模式有很多工具，運用在教學上可以嗎？我對別人身上的寶藏感到好奇，在語文教學的過程中，我能跟學生一起「尋寶」嗎？這些意念不斷在我腦海中翻滾再翻滾。有一天晚上，我夢到自己將當時令我沉醉的榮格理論和沙維雅模式放在語文教學及應用在提升學生正向心理的課程上。那一刻，我深刻地經驗到「朝思暮想」四個字了！醒來之後，我一直依循這個方向努力，先搜集相關文獻，發覺過往學者嘗試將部分沙維雅輔導理論應用在教學上、沙維雅模式是正向心理學的先驅、榮格英雄原型理論具有正向心理的成長元素、語文教學品德情意教育範疇與正向心理學的相關性……我越看越興奮，也越看越着迷，更覺得我有機會夢想成真了。

雖然，將榮格英雄原型理論或沙維雅模式應用在語文情意教育範疇，以此提升學生正向心理的研究方向有文獻支持，但在實踐上還是處於比較創新的階段。本書參考已有文獻，將相關理論融入語文教學，加入大量創新的想法，編寫成教學設計，並一步步實踐。我期望能夠拋磚引玉，引發大家對語文教學、榮格理論、沙維雅模式和正向心理的關注，發現其中的關係，例如互相促進或互補的可能性。另外，我也想跟讀者一起重新思考一連串問題：語文科，教甚麼？學甚麼？學生需要甚麼？學生想要甚麼？老師透過語文教學，能夠給予學生甚麼？最後，我還想鼓勵對教育有熱誠、有想法的讀者勇

於創新，樂於分享，共同探究和開啟「學與教」的無限可能。

本書得以完成，必須感謝李貴生博士、何志恆博士和林丹博士不時就研究給予具啟發性的意見，更一直支持我往創新的方向探索前行。感謝盧婉婷女士，她對教學實驗及本書的初稿提供具體詳盡的意見，促使我有更多思考。她運用自己（use of self），一直給予超出我所想的包容、接納和陪伴，以及有聲無聲的肯定和鼓勵，這些都是我奮發的動力。感謝何玉珍老師和張勵儀老師，在設計教學內容和成書期間，她們不厭其煩，一讀再讀我的稿件，與我進行多次具啟發性的討論。感謝我中國語文科的老師，有了他們，我才接觸到語文科的精髓，也感受到其中的「大用」，這甚至影響了我在高中以後的求學和求職方向。感謝我在香港中文大學讀輔導時遇過的老師，他們不止教授輔導理論和技巧，更關心我們是一個怎樣的人，以及我們想成為怎樣的人。本書的教學設計，曾以教學實驗形式應用在香港不同小學的語文課堂。感謝各位校長、科主任以及科任老師的信任和安排，尤其是科任老師的預備和熱心參與，令實驗得以完滿進行，更讓學生在語文學習上有不一樣的體驗。還有我的家人、朋友和同事，特別是在天上的外公和外婆，在此我一併致以衷心的感謝，感謝你們一直陪着我走，為我的生命添加許多動人樂章，以及絢麗色彩。

蔡逸寧

2021 年 10 月 9 日 初稿

2022 年 9 月 9 日 校訂

前言

　　本書將榮格理論及沙維雅模式應用在中國語文科情意教學上，透過教授《西遊記》提升小學生正向心理。內容既為有興趣了解語文教學提升正向心理、將輔導及心理學元素融入教材及教學法的教育工作者設計，除了校長、科主任和老師，一般社會大眾、教育決策者或研究者等，也可以通過本書了解語文教育、輔導、心理學、正向教育之間的關係。

內容規劃

　　全書共分十篇，第一和第二篇先介紹榮格及沙維雅的理論，第三和第四篇闡述運用榮格理論選擇和編寫教材的方法，以及如何將沙維雅模式的工具應用在教學上。第五篇展示課程的教學設計框架及內容，無論是以〈孫悟空三借芭蕉扇〉還是〈孫悟空尋仙訪道〉作為教學內容，教學設計都有相似的活動環節，該篇為每個環節展示教學例子、教學說明及教學小提示等，並分享筆者的課堂觀察摘要，讓讀者快速掌握六節課堂的鋪排。第六和第七篇分別介紹〈孫悟空三借芭蕉扇〉和〈孫悟空尋仙訪道〉的教材、教材美德一覽表、教學設計和工作紙。第八篇為協作學校進行教學實踐後，老師對兩篇教材和沙維雅教學方式的回饋。第九篇則展示教具，如海報、圖卡、貼紙等，讓讀者了解在教學過程裏，如何將沙維雅模式融入其中，以及如何透過具體方式向學生展示沙維雅模式的內涵。最後，第十篇則展示教與學輔助資源，包括老師和學生的參考影片以及虛擬教學資源。

理論與實踐素質保證

為確保將榮格理論及沙維雅模式理論準確應用在教學設計及教學上，筆者邀請了香港的退休老師、語文教育、文學、心理學、沙維雅模式專家學者和資深退休教師出任顧問，為教學設計及實踐過程提供意見，並審閱本書內容及提供的六個教學單元。邀請的專家學者和老師，包括香港教育大學文學及文化學系李貴生博士、香港教育大學中國語言學系何志恆博士、香港教育大學心理學系林丹博士、沙維雅模式督導員盧婉婷女士、中國語文科何玉珍老師及張勵儀老師。另一方面，筆者邀請香港小學五年級的科任老師按教學設計進行教學，筆者亦參與觀課及拍攝全部課堂實踐。教學實踐後，筆者與師生進行訪談，檢視教學設計的成效，再就設計作出修訂。由此，期望兼採理論和實踐兩方面的專業意見，最終整本書以及當中的教材能成為讀者寶貴的參考資料。

教材及教學法選取

本書以《西遊記》兩篇課文為例，即〈孫悟空三借芭蕉扇〉和〈孫悟空尋仙訪道〉，展示將正向心理融入語文科的教學設計。另一方面，本書加入運用榮格理論編寫教材的步驟，並指出其與一般教材的分別，更將沙維雅模式的工具融入教學法。讀者可以此為參考，將上述理論及方法轉化，應用在教授其他文章體裁、文學體裁，甚至其他科目之上。

教學設計課節及主題

本書提供的教學設計以高小學生為對象，共六個教節，每節六十分鐘。第一和第二課為認識《西遊記》課文內容，第三至第五課為透過《西遊記》課文內容發掘孫悟空的六大美德，

學生繼而在自己身上尋寶，發掘個人擁有的六大美德，最後一課為整合孫悟空和學生自己的各種面貌以及寶藏。

課節	教學主題
一	孫悟空成長之旅 —— 啟程與啟蒙
二	孫悟空成長之旅 —— 啟蒙與回歸
三	與孫悟空尋寶 —— 智慧與知識、仁愛
四	與孫悟空尋寶 —— 勇氣、公義
五	與孫悟空尋寶 —— 節制、靈性及超越
六	孫悟空面貌舞會 + 與自己尋寶

配合中國語文課程教學目標

本書的教學設計以《西遊記》兩篇課文為基礎，建構提升學生正向心理的教學活動。教學活動亦呼應《中國語文教育學習領域課程指引（小一至中六）》提及的九大學習範疇（課程發展議會，2017）：

九大學習範疇	學習重點舉隅
閱讀	理解課文內容大意及要點
寫作	按寫作需要確定寫作內容
聆聽	理解視聽資訊的主要信息
說話	因應情境和對象確定說話內容
文學	欣賞古典小說豐富的內容
中華文化	認識中國古典小說
品德情意	培養六大美德
思維	培養創造性思考能力
語文自學	培養建構知識的能力

總的來說，本書提供的教學框架、教學設計、教學活動、教具和工作紙僅供使用者參考。在教學實踐過程中，使用者可按照學校校情、科本需要、老師經驗判斷、學生程度和教學時數選擇教學主題及內容，或者進行增刪調節，務求達到最佳的教學效果。

目錄

緒論　語文教育與正向心理學

一、理論篇：榮格理論

二、理論篇：沙維雅模式

三、應用篇：運用榮格理論編寫教材

列表清單

圖形清單

緒論

語文教育與
正向心理學

近年，香港的中小學積極推動正向心理，引入正向教育，例如在校園建構正向環境及佈置、為學生安排正向課堂及活動、為老師安排相關培訓以建立正向團隊、重視正向家長教育、在班級經營和課程中滲透正向教育等。學校的正向活動形式多元，涉獵的正向心理範疇廣泛，如主觀幸福感（subjective well-being）、樂觀感（optimism）、希望（hope）、韌性（resilience）、感恩（gratitude）、寬恕（forgiveness）、心流（flow）等。因此，如何有效推廣正向教育是一個值得深入探討的題目。

就中國語文科的教學目標而言，除了通過教學增加學生的知識，提升其共通能力，還包括培養學生的價值觀。課程指引提及的價值觀與正向心理六大美德二十四種性格強項有相通之處，過往有不少學者將心理或輔導元素結合語文教學，以提升學生的情意及正向心理為目標，例如以閱讀作為治療，輔導低成就資優中學生，治療對個案在學業表現、自我概念、人際關係皆維持正向的影響（王文伶、彭錦珍、張維哲、曾淑賢，2006）；以閱讀干預活動能減少初中生負面情緒，學生的心理健康水平有所提升，其學業壓力、人際關係緊張、適應不良、抑鬱等情況亦得以改善（張瑜，2021）。這些研究開拓了將語文教育和正向心理結合的可能。

語文教學涉獵的篇章體裁多元化，如成語故事、寓言故事、小說、詩歌、戲曲、散文，廣涉古典文學、現代文學、當代文學等。其中，古典文學是中國傳統文化的精髓，對學生有潛移默化的作用，例如展示堅定的理想與信念、不同面向的人文素質、古聖先賢的人生智慧等（趙孟雄，2010）。《西遊記》是語文科常見的高小古典文學選材，而孫悟空更是家傳戶曉的經典人物。他的幽默、機智、靈巧、勇敢、堅毅亦符合正向心理六大美德二十四種性格強項。

然而，《西遊記》共一百回，在有限課時下老師該如何選材？如以提升學生正向心理為目標，老師可運用哪些教學方式提升教

學效果？本書加入榮格英雄原型理論和沙維雅模式，前者是一種成長模式，可作為選材原則的參考；後者強調體驗、對話和成長，其工具可應用和融合在教學方式之中。本書更以〈孫悟空三借芭蕉扇〉和〈孫悟空尋仙訪道〉兩篇文章作為示範，展示以上述模式為基礎的教學設計。

中國語文科與正向心理學有何關係？

　　根據《中國語文教育學習領域課程指引（小一至中六）》（2017）（下稱《指引》），語文教育以讀寫聽說為主，帶動其他學習範疇包括文學、中華文化、品德情意、思維和語文自學。品德情意的內涵與正向心理學有不少相通之處，例如：

表 1　中國語文科培養的價值觀和態度與正向心理六大美德二十四種性格強項

《指引》 （課程發展議會，2017）		正向心理學 （馬汀・塞利格曼，2003）	
七個首要培養的 價值觀和態度	「品德情意」的 學習項目	六大美德	二十四種性格強項
堅毅	勤奮堅毅[1]	勇氣	勤奮、用功和堅毅； 興致、熱情和幹勁
誠信	重視信諾		誠實、真摯和真誠
尊重他人／關愛	尊重別人、寬大包容、和平共享／關懷顧念[2]	仁愛／節制	社交智慧；仁慈和寬宏； 去愛和被愛的能力／寬恕和慈悲；謙恭和謙遜

---

[1]　勤奮堅毅，包括努力不懈和貫徹始終。見課程發展議會（2008）《小學中國語文建議學習重點（試用）》，香港：香港教育局，18-19。

[2]　尊重別人，包括尊重對方權利和感受；寬大包容，包括接納多元觀點、容忍不同意見和體諒寬恕；和平共享，包括團結合作及和平共處；關懷顧念，包括尊敬長輩、友愛同儕和愛護幼小。同前註。

表 1 中國語文科培養的價值觀和態度與正向心理六大美德二十四種性格強項

《指引》 （課程發展議會，2017）		正向心理學 （馬汀・塞利格曼，2003）	
七個首要培養的 價值觀和態度	「品德情意」的 學習項目	六大美德	二十四種性格強項
責任感	認真負責 [3]	節制／公義	小心、謹慎、審慎； 自我控制和自我 規範／不偏不倚、 公平和公正
國民身份認同	心繫祖國	公義	公民感、團隊精神和 忠心；領導才能
承擔精神	勇於承擔 [4]		

表 2 中國語文科價值觀和態度的學習重點與正向心理六大美德二十四種性格強項

《指引》 （課程發展議會，2017）		正向心理學 （馬汀・塞利格曼，2003）	
價值觀／態度	學習重點	六大美德	二十四種性格強項
價值觀	創造力	智慧與知識	創造力、靈巧性和獨創性
	個人獨特性		
態度	具創意		
	樂於學習		喜愛學習
價值觀	美的訴求	靈性及超越	對美麗和卓越的欣賞
態度	樂觀		希望、樂觀感和未來意識

---

3 認真負責，包括重視責任、不敷衍苟且和知所補過。同前註。

4 勇於承擔，包括履行義務、盡忠職守、有使命感和具道德勇氣。同前註。

甚麼是正向心理學？

正向心理學（Positive Psychology）由美國賓州大學心理學系教授馬丁・塞利格曼（Martin E. P. Seligman）所提出。塞利格曼認為過去心理學多半重視心理與精神疾病，忽略了快樂與個人價值，希望透過正向心理學的內涵，使人獲得更多正向經驗，幫助人們追求愉悅、美好且有意義的生活（Martin E. P. Seligman，2002 著 / 2003 譯；曾文志，2006），屬於預防勝於治療的取向。正向心理學包括 PERMAH，即正向情緒（Positive Emotions）、全情投入（Engagement）、生命意義（Meaning）、成就感（Accomplishment）、正向關係（Relationships）和身心健康（Health）。不過，本教學設計的教學目標主要為提升學生的六大美德二十四種性格強項（6 virtues and 24 character strengths）：

表 3　正向心理六大美德與二十四種性格強項

正向心理學 （Martin E. P. Seligman，2002 著 / 2003 譯；李新民，2010）		
六大美德	二十四種性格強項	內涵
智慧與知識	創造力、靈巧性和獨創性	以全新的點子爭取自己夢寐以求的東西，包括實用智慧、普通常識或街頭智慧。
	判斷力和批判性的思考	周詳思考事情，客觀和理性地篩選資訊，再作出利己利人的判斷。
	對世界的好奇和興趣	主動追隨新奇的事物和真相。
	洞察力及智慧	對別人的感覺、情緒、脾氣、動機和意識作出很好的回應。
	喜愛學習	喜歡學習新東西。
仁愛	社交智慧	敏感自己和別人的感受，能因應不同場景展現合宜舉止。
	仁慈和寬宏	先替別人着想，盡心盡力幫助別人。具備同理心和同情心，看到別人的長處。

表 3 正向心理六大美德與二十四種性格強項

正向心理學 (Martin E. P. Seligman，2002 著 / 2003 譯；李新民，2010)		
六大美德	二十四種性格強項	內涵
仁愛	去愛和被愛的能力	在乎自己與別人的關係，樂於愛別人，也能接受別人對自己的愛。
公義	公民感、團隊精神和忠心	忠心，有團隊精神，致力為團隊付出最大努力。
	不偏不倚、公平和公正	不讓個人感情影響自己的決定，給別人同等機會。
	領導才能	與團員保持良好關係，並有效率地帶領團隊如期完成目標。
節制	寬恕和慈悲	原諒別人，給別人機會變好。
	謙恭和謙遜	不愛出鋒頭，讓成就代替自己說話。
	小心、謹慎、審慎	不說或做讓自己後悔的事，三思而行。
	自我控制和自我規範	控制自己的情緒、慾望、需求和衝動。
靈性及超越	靈修性、對目的的觀念和信念	將自己與更大、更永久的東西連接，例如別人、未來、神。
	希望、樂觀感和未來意識	對未來充滿憧憬，努力做好事情，達成目標。
	對美麗和卓越的欣賞	欣賞自然界和人為的美好東西。
	幽默感和挑皮	喜歡展露微笑和說笑話，容易看到事情光明的一面。
	感恩	對發生在身上的好事感激，也會向別人表達感謝。
勇氣	勇敢和勇氣	泰然愉悅地面對危險和逆境。
	勤奮、用功和堅毅	欣然承擔困難的工作，有始有終地完成工作。
	誠實、真摯和真誠	真誠對待自己和別人，說話和做事都是誠誠懇懇的。
	興致、熱情和幹勁	充滿熱情，全情投入工作和生活，期待每一天的開始。

為何選擇《西遊記》？

　　古典小說在中華文化中有着舉足輕重的地位，《西遊記》家傳戶曉，又適合各個年齡階層閱讀，內裏蘊藏着人類共通的人性和情感，是中國古典小說的主要代表作之一，至今仍廣泛流傳。無論在中國內地，還是台灣地區，不同出版社皆以《西遊記》選篇作為語文教學的課文，老師自製的相關教材亦為數不少。另一方面，孫悟空的英雄形象亦有着豐富的正向心理元素，例如：

表 4 孫悟空的特質與行為

特質	行為
機智	千方百計找到妖魔鬼怪或敵人的弱點，想出制服的對策。
忠心	對菩提祖師師恩未報，不敢離去。
堅毅	取經途中困難重重，仍不放棄，愈戰愈勇。
勤奮	學人禮、學人話、學七十二種變化、學觔斗雲等。
勇敢	遇到自然災難或妖魔鬼怪時迎難而上。
幽默	常嘲笑豬八戒，戲弄調侃妖精。
判斷力	善於識破妖魔鬼怪的偽裝。
幹勁	為求長生不老之術，四處求道，離開花果山多年。

本書的教材設計有何特色？

- 配合《中國語文教育學習領域課程指引（小一至中六）》（2017）及《小學中國語文建議學習重點（試用）》（2008）的教學建議及學習重點；

- 融入正向心理學的元素，發掘學生的六大美德二十四種性格強項，增加學生的認知和體驗，重視即時的改變及實踐；

- 加入榮格英雄原型理論分析教材，以英雄成長的標準路線——「啟程」、「啟蒙」和「回歸」帶動學生進入成長之旅；

- 教學方式注入着重成長的沙維雅模式理論，以相關工具作為基礎，讓學生在學習過程中認識自己，增強與他人的互動和溝通；

- 培養學生共通能力，特別訓練協作能力、溝通能力、創造力、解決問題能力、自我管理能力、批判及明辨性思考力等；

- 運用多元化教學資源，包括圖片、錄音、動畫、海報、貼紙、道具等，加強學生的感官經驗，使學生更容易投入活動，代入角色和情境。

一

理論篇：榮格理論

1. 甚麼是榮格理論？

卡爾‧古斯塔夫‧榮格（Carl Gustav Jung）是一位瑞士心理學家，曾提出不同的概念，如情結、心靈能量、人格面具、個體化、共時性等。本書所指的榮格理論，包括原型和英雄原型：

原型理論：榮格認為人類心靈的最深層是「集體無意識」（collective unconsciousness），其內容綜合了普遍存在的模式，可稱為「原型」（Murray Stein，1998 著 / 2018 譯）。

英雄原型：英雄故事蘊含着英雄原型，是個體成長的故事，也是人類共同心理的一部分（Murray Stein，1998 著 / 2018 譯）。學者總結出神話英雄具備相似的元素和基本特徵，包括勇敢、聰明、堅持、堅強、善良等（孔方明，2018；哈麗君，2019）。

英雄的典型成長模式：喬瑟夫‧坎伯（Joseph Campbell）在《千面英雄》（1949 著 / 1997 譯）指出古往今來的英雄傳說，其實只是述說同一個故事，即都是一個英雄的千個面孔。英雄的典型成長模式，即「啟程 —— 啟蒙 —— 回歸」：

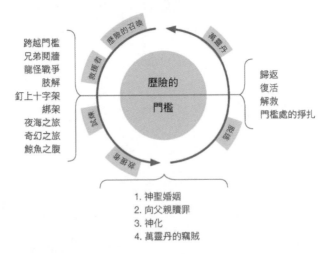

圖 1　《千面英雄》英雄的歷險

註：引自 Joseph Campbell 著，朱侃如譯（1997）《千面英雄》，台北：立緒文化事業有限公司，262。

2.《西遊記》的英雄原型成長模式

過去不少學者運用原型理論分析《西遊記》，如方克強（1900，26—32）指出：「《西遊記》也許是一部最適合於運用原型批評方法探討的中國古典名著。其原因在於它首先是一部神話小說，一部將歷史故事和傳說神話化的幻想性作品。原型作為具有普遍象徵意義與文化功用的象徵符號，通常是創造性幻想的產物，基本上是神話的或與人類原始經驗相關的形象。」《西遊記》呈現英雄原型的片段很多，以下舉出一些例子：

表 5　英雄歷程與孫悟空經歷對照表

階段		英雄歷程 （Joseph Campbell 著， 朱侃如譯，1997）	孫悟空經歷 （吳承恩，1991）
第一階段	啟程	（1）歷險的召喚，即英雄使命的跡象。	出生不凡，天產石猴，周遊四海，拜師學藝，靈台學法（對絕對自由的追求）。
		（2）拒絕召喚，即逃離神祇的行為。	鬧龍宮、強取如意金剛棒、鬧地府、勾去「猴類生死簿」，玉皇大帝以弼馬溫拘束他。偷蟠桃，盜御酒，竊仙丹，攪亂蟠桃會，引得「十萬天兵佈羅網」。
		（3）超自然的援助，即歷險者所獲得的意外幫助。	觀音許他叫天天應，叫地地靈，到那非常難脫之際，觀音會親自救他，並給他三根救命毫毛。
		（4）跨越第一個閾限。	跨越西遊的起點：兩界山。

3. 英雄原型對教育和學習的啟示

　　個別學者將英雄原型應用至教育和學習方面，例如運用此理論設計教學材料和遊戲，提升學生跨越困境的能力，幫助他們勇於創新和面對挑戰（Busch, C., Conrad, F. & Steinicke, M. ，2013）；將英雄原型帶入特殊教室，能為殘障學生提供困境的框架，他們以不同方式與自己的經驗建立聯繫，更可以促進他們勇於面對殘障帶來的問題和挑戰，英勇地活着，並發掘到自己具有應付此時及未來挑戰的潛能（Basquez, K. ，2014）；運用英雄原型設計體驗式活動，有助博士學生回顧自己想要入學的原因，讓他們思考生活中必須改變甚麼才能有效應對挑戰，結果顯示活動令學生對開展博士學習歷程的興奮程度有所提升（DePorres, D., & Livingston, R. E. ，2016）；使用英雄歷程十二個階段設計大學課程，支持了學習的觀點：學習不只是個冷靜地獲取知識和歸檔的過程，而是一種生活方式以及一個形成角色的過程，除了獲得知識，學習者會對自己有更多了解（Farmer, R. ，2018）；讓學生重複閱讀英雄之旅的冒險故事，然後透過反思性的寫作方式踏上旅程，有助他們尋找自己的身份，因此老師可運用英雄之旅各個階段為初中和高中學生設計一個單元（Cancienne, M. B. ，2000）；運用英雄歷程的敘事結構作為概念工具，研究留學生信念和行為的共性及差異，由此導致三種不同的英雄模式發展，包括自我決定的英雄、猶豫不決的英雄和受傷的英雄，這些框架有助學校、政策制定者了解學生的留學經歷和動機（Sheehan, H., & Riddle, S. ，2022）。由此可見，英雄原型可應用在教育不同學段和類型的學生身上，也可以按學生和教學主題需要以各種形式呈現。教學中除了可讓老師更了解學生，英雄原型的故事亦可為學生面對人生挑戰提供參照，達到認識自己、跨越安舒區、逐步成長、面對挑戰、發掘潛能等效果。

　　本教學設計以英雄歷程「啟程 —— 啟蒙 —— 回歸」的模式為準則，選取《西遊記》的篇章，加入正向心理六大美德元素，作為榮格教材，讓學習者在閱讀過程中一同經驗個人成長之旅，並發掘自己擁有的英雄原型特質，從而提升學習者的正向心理。

二

理論篇：沙維雅模式

1. 甚麼是沙維雅模式？

沙維雅模式（Satir Model）由維珍尼亞・沙維雅（Virginia Satir）創立，屬於家庭治療的一種。此模式以成長（growth）為導向，相信每個人都擁有內在資源（resources）與選擇（choices），並有能力作出改變（Virginia Satir, John Banmen, Jane Gerber, Maria Gomori，1991 著 / 1998 譯）。此外，此模式也有着正向心理學的重要元素，如關注積極正向的力量，聚焦健康和優勢，承認正向體驗、承諾、價值和自我成長的重要性。沙維雅模式包括很多有趣實用的媒界物和工具，如雕塑（sculpting）、冰山隱喻（iceberg metaphor）、面貌舞會（the parts party）、家庭重塑（family reconstruction）、自我環（the self mandala）、冥想（meditations）、天氣報告（temperature reading）等。運用沙維雅模式可以使人們以愛相連，促進「與己和、與彼和、與眾生和」（Peace Within, Peace Between, Peace Among）（Sharon Loeschen，2005 著 / 2017 譯）。

2. 沙維雅模式的四大成長目標

沙維雅模式有着四大總目標（John Banmen，2006 編 / 2008 譯；John Banmen，2008 編 / 2019 譯）：

人的自我價值感有所提升。

人能成為更好的抉擇者。

人能為自己負責任。

人能邁向更一致性。

老師也可將上述目標帶進教學現場，以此為幫助學生成長的方向。

3. 沙維雅模式對教育和學習的啟示

沙維雅模式強調正向導向、人性化、體驗、好奇心等，她對人、關係、事件及改變的界定，貫穿着「人人平等，人皆有價值」的想法（Virginia Satir 等，1991 著 / 1998 譯）。參考沙維雅模式的信念、媒介物和工具，並將之融入教與學，對老師及學生的角色富有啟示：

(1) 老師的角色

引領者和鼓勵者

老師在各個環節帶領學生，例如說明指引、進行冥想、邀請學生參與活動、安排分組、給予練習和總結活動，並按學生情況彈性調整教學進度。過程中，老師讓學生有更多體驗的機會和空間，無論學生即時的反應和課業表現如何，老師都以正向導向的方式引導學生繼續嘗試和參與，包括鼓勵學生允許和接納自己的情況、鼓勵學生冒險、適時向學生表達欣賞和讚賞等。

觀察者和關注者

老師在課堂上儘量關注每位學生，無論是師生或學生之間的互動，老師也可以透過看、聽等多種方式認識學生。此外，老師透過與學生互動，除了留意學生的行為，更帶着好奇心去認識學生的冰山內在，包括應對姿態、感受、感受的感受、觀點、期待、渴望以及自己：我是（Virginia Satir 等，1991 著 / 1998 譯）。當遇到疑惑或不確定時，老師可通過提問和對話與學生核對。老師亦可多留意學生的正向態度和轉變，並提供機會讓學生覺察和向人承認。

示範者和分享者

老師在教學中滲透品德情意教學，其言傳身教自是學生的學習榜樣。老師在運用沙維雅模式時，可親身向學生示範，例如呈現

一致性（congruent）（即顧及自己、他人和情境）、以天氣報告分享自己的欣賞或擔憂、以個人行為或狀態作為例子探索冰山內在、實踐沙維雅的信念等。老師運用自己（use of self），自我表露（self-disclosure）作出分享，有助營造開放的課堂氣氛，並引起學生的興趣。學生透過聆聽或回應，也能增加與老師的連結。

(2) 沙維雅模式下學生的角色

　　運用沙維雅模式進行教學，符合《中國語文教育學習領域課程指引（小一至中六）》（課程發展議會，2017）有關學生角色的建議，包括（一）積極主動學習；（二）掌握學習策略；（三）多作互動學習；（四）努力自我完善以及（五）規劃個人發展。以下將逐一展示沙維雅模式如何呼應這五個範疇：

積極主動學習

　　教學設計包括多個以學生為本的活動，着重讓學生有親身的個人和互動體驗。老師鼓勵學生投入其中，帶着好奇心探索，發掘孫悟空及個人的六大美德。老師提供空間和機會，讓學生透過回憶過往經驗或體驗此時此刻的感受及想法，主動分享所學、所得、所知和所感，通過實踐，最終將知識內化。

掌握學習策略

　　教學目標除了提升學生的正向心理，還鼓勵學生掌握和應用語文學習的方法及策略，例如透過創設情境及角色扮演，請學生因應情境和對象確定說話內容；透過閱讀課文，學生要評價故事內容及人物性格；透過書寫自己的冰山，學生可自由地將自己的感受、經歷和想法寫出來；透過聆聽課文錄音，學生學會綜合課文的內容及表達的思想感情等，從而掌握學習策略，提高語文學習的效能。

多作互動學習

教學設計以互動學習方式為主，如學生透過角色扮演代入課文角色，說出想法和感受；透過冥想活動，用耳朵細聽，用心感受冥想內容；透過天氣報告，覺察自己內在，了解別人狀態，達至與己與人連結；透過書寫冰山及分享冰山，了解自己的想法，發掘個人內在豐富的資源，並向人承認，與人交流；透過自尊錦囊，引發學生積極思考如何實踐六大美德等。教學活動既有靜態和動態的形式，也有個人及分組的學習方式。

努力自我完善

學生在學習過程中，通過自我認知、內化體驗和行為實踐三方面自我完善。教學活動給予學生機會，了解自己在語文和六大美德方面的學習歷程，覺察和發掘自己及別人的已有資源。通過活動，學生從回憶過往經驗，覺察自己一直擁有的美德。再者，學生得到老師和同學的肯定，也學會肯定自己；學生通過欣賞及讚賞同學，使同學成為自己的學習榜樣，班上的同學也得以更有信心和更有勇氣，向前邁進，完善自己。

規劃個人發展

學生在教學活動後更認識自己，根據個人的潛能、想法、特性、強項、興趣等，在語文學習及個人成長方面立定志向，為自己計劃發展方向，並思考如何行動及實踐。通過一系列活動，學生除了發掘到自己的資源，還經驗到自己擁有的能力，又學到了解自己、與人溝通連結、向人表達欣賞與感謝等方法。學生繼續將這些能力遷移到不同場景，加以運用，達到自己想要的發展目標。

三

應用篇：運用榮格理論
編寫教材

1. 一般教材：〈孫悟空三借芭蕉扇〉

　　《西遊記》雖然是學生耳熟能詳的作品，但全書共有一百回，當老師以此作為教材時應該如何選擇取捨？回顧香港特別行政區政府教育局推薦的十二套小學中國語文科適用教科書，以《西遊記》選篇作為教學的年級主要為小四、小五和小六，而選篇的主題大致有三：(1)〈孫悟空三借芭蕉扇〉；(2)〈孫悟空三打白骨精〉以及 (3)〈孫悟空大鬧天宮〉，其中選用〈孫悟空三借芭蕉扇〉和〈孫悟空大鬧天宮〉的較多，而協作學校較多使用前者作為校內教材。因此，本書以〈孫悟空三借芭蕉扇〉為一般選材基礎，在教學設計中加入沙維雅模式，展示提升學生正向心理的教學示例。

表 6　小學教科書《西遊記》課文選材一覽表

年級	冊數	出版社（年份）	孫悟空大戰二郎神 /孫悟空，變變變！[1]	孫悟空三打白骨精[2]	孫悟空三借芭蕉扇[3]	總數
四	四下一冊	現代中國語文（修訂版）（2016）	孫悟空，變變變！			3
	四下二冊	二十一世紀現代中國語文（2012）	孫悟空，變變變！			
		現代中國語文（2006）	孫悟空，變變變！			

1　本篇課文出自《西遊記》第 6 回〈觀音赴會問原因　小聖施威降大聖〉。

2　本篇課文出自《西遊記》第 27 回〈屍魔三戲唐三藏　聖僧恨逐美猴王〉。

3　本篇課文出自《西遊記》第 59 至 61 回〈唐三藏路阻火焰山　孫行者一調芭蕉扇〉；〈牛魔王罷戰赴華筵　孫行者二調芭蕉扇〉；〈豬八戒助力敗魔王　孫行者三調芭蕉扇〉。

年級	冊數	出版社（年份）	孫悟空大戰二郎神/孫悟空，變變變！[1]	孫悟空三打白骨精[2]	孫悟空三借芭蕉扇[3]	總數
五	五上二冊	學好中國語文（2011）			孫悟空三借芭焦扇	5
	五下一冊	啟思語文新天地（2011）			孫悟空三借芭蕉扇	
		快樂學語文（2006）		孫悟空三打白骨精		
	五下二冊	朗文中國語文附自習篇章（2006）			孫悟空三借芭蕉扇	
		我愛學語文（2011）		西遊記之三打白骨精		
六	六上一冊	新編啟思中國語文（2011）			孫悟空三借芭蕉扇	4
	六上二冊	活學中國語文（2016）			孫悟空智取芭蕉扇	
	六下一冊	新·語文（2011）	孫悟空大戰二郎神			
	六下二冊	新亞洲中國語文（2006）	孫悟空大戰二郎神			
	總數		5	2	5	

2. 榮格教材：〈孫悟空尋仙訪道〉

　　《西遊記》中，孫悟空尋仙訪道的經歷正正符合了「啟程 ——
啟蒙 —— 回歸」的英雄成長模式。此外，孫悟空（當時被稱作「美
猴王」）與羣猴在花果山水簾洞生活，獨自為王兩百年。有一天，
他突然得到召喚，想到自己將來會死去，所以啟程出發尋仙訪道。
他的精神重心由熟悉的地方，轉移到充滿未知的旅程。他離開自
己的舒適區，跨越門檻邁向一個意料之外、寶藏與危機並存的世

界，讓個人開始和未知的力量聯絡 (Joseph Campbell 著，朱侃如譯，1997)。後來，他得到仙童、菩提祖師等人的助力，經過種種試煉，終於學得七十二變和觔斗雲。最後，他因為賣弄技法而被菩提祖師趕走，返回水簾洞。孫悟空靠着自己的意志完成冒險，展現了英雄的性格特質，這些特質也符合六大美德二十四種性格強項。因此，本書選取了《西遊記》孫悟空尋仙訪道的故事作為提升學生正向心理的教材。故事以《西遊記：取經的卡通》第二章〈學會七十二種變化及觔斗雲〉一文為基礎 (黃慶萱等，2012)，保留白話文寫作。不過，在文章字數、用字、用詞、情節等各方面則按香港高小學生的語文能力和程度進行調整。

3. 運用榮格理論編寫教材步驟

1. 在《西遊記》選取符合「啟程 —— 啟蒙 —— 回歸」結構模式的情節；

2. 搜集適合小學生的《西遊記》讀物，按照情節、用字等選取篇章作為教材；

3. 檢視教材有關正向心理六大美德的情節和元素，予以保留和進行擴寫；

4. 檢視教材與正向心理六大美德關係不大的情節和元素，進行略寫或刪節；

5. 檢視教材的用字，作出調整，例如將文言用字改為白話用字、將艱澀的成語或詞語改為淺白易明的用詞；

6. 檢視教材的文句表達，進行改寫，例如將部份敍事的文字改為對話、增加對話內容的感情色彩，即在對話中運用更多助詞，以加強對話的語氣，表達上多運用短句，使之更淺白易明等；

7. 檢視教材的字數，進行調整，使課文字數接近坊間教科書〈孫悟空三借芭蕉扇〉的字數，即 565 字至 1501 字之間，貼近小四至小六的《西遊記》一般教材字數。

4. 一般教材和榮格教材故事大意

一般教材：〈孫悟空三借芭蕉扇〉

本故事出自《西遊記》第 59 至 61 回，即〈唐三藏路阻火焰山 孫行者一調芭蕉扇〉、〈牛魔王罷戰赴華筵 孫行者二調芭蕉扇〉及〈豬八戒助力敗魔王 孫行者三調芭蕉扇〉。故事講述唐三藏四師徒在取經途中經過火焰山，孫悟空想請鐵扇公主幫忙，用芭蕉扇撲滅火焰山的烈火。然而，鐵扇公主因為孫悟空曾得罪她，所以不肯借扇。孫悟空運用不同方法三次想要取得芭蕉扇，期間跟鐵扇公主有很多爭執，跟牛魔王也打得難分難解。最後，他們驚動了天上的神仙前來，孫悟空才成功取得扇子，撲滅火焰山的烈火。

由於一般教材是選取坊間出版社經常使用的《西遊記》課文，本書按照〈孫悟空三借芭蕉扇〉課文原有的情節及內容，分析其展示的六大美德二十四種性格強項（詳細內容見第六篇 2 美德一覽表）。

榮格教材：〈孫悟空尋仙訪道〉故事大意

本故事出自《西遊記》第 1 至第 2 回，即〈靈根育孕源流出 心性修持大道生〉及〈悟徹菩提真妙理 斷魔歸本合元神〉。故事講述美猴王是羣猴的領袖，他帶領羣猴在花果山水簾洞生活。有一天，他想要去尋仙訪道，學習長生不老之術。他經歷十幾個寒暑，跑了十萬八千里路，途中經過南贍部洲、西牛賀洲、高山等，才到達三星洞。菩提祖師見他很有誠意，又從來沒有姓名，因此給他取名為孫悟空，並收他為徒。孫悟空與菩提祖師和師兄弟生活多年，

學了七十二變和觔斗雲，最後卻因賣弄技法而被祖師趕走，返回水簾洞。

　　榮格教材是按照英雄歷程選取所屬的《西遊記》故事內容，在增刪課文情節的過程中，保留和擴寫能展示六大美德二十四種性格強項的片段（詳細內容見第七篇 2 美德一覽表）。

四

應用篇：
運用沙維雅模式
提升正向心理的方法

沙維雅模式的理論、媒界物及工具豐富，例如雕塑（sculpting）、家庭重塑（family reconstruction）、自我環（the self-mandala）、五種自由（the five freedoms）、處理尚未滿足的期待（unmet expectations）、轉化家庭規條（family rules）、面貌舞會（the parts party）等。由於沙維雅模式本是一種家庭治療，因此發展了不少與個人成長以及家庭相關的工具。按照《西遊記》教學主題，本設計以 6A 為框架，選取適用於課堂的沙維雅信念、理論和工具，在課堂活動中應用。6A 包括覺知（aware）、承認（acknowledgment）、允許（allow）、接受（accept）、轉化（action）和欣賞（appreciation）（學思達團隊，2021）。

1. 冥想（meditations）

本書根據高小學生的年齡階段特點設定冥想材料，運用簡單易懂的語言，結合音樂、文字、圖畫展示沙維雅模式的信念並製作成影片，突顯課堂重點訊息，使冥想形式更豐富及更靈活。冥想內容以沙維雅模式的信念（冥想示例一）、課堂重點訊息和增加學生覺察的提問（冥想示例二）為主。進行冥想時，老師可播放柔和、放鬆而沒有歌詞的背景音樂，讓學生在聆聽過程中感到舒適。

表 7 冥想示例（一）

我的自尊宣言（節錄）

（Virginia Satir 等，1991 著 /1998 譯）

我是我自己。

在這世界上，沒有一個人完全像我。

有些人有某部分像我，但沒有一個人完全像我。

因此，從我身上出來的每一點、每一滴，

都那麼真實地代表我自己，因為是我自己選擇的。

我擁有我的一切，包括我的身體，和它所做的事情；

我的大腦，和它的所思所想；

我的眼睛，和它所看到的、所想像的；

我的感覺，不論它們可能是憤怒、喜悅、挫折、愛、失望、興奮；

我的嘴巴，和它所説的話，

禮貌的、甜蜜或粗魯的、正確或不正確的；

我的聲音，大聲或小聲的；

和我所有的行動，不論是對別人的或對自己的。

我擁有我的幻想、夢想、希望和害怕。

我擁有我所有的勝利與成功、所有的失敗與錯誤。

因為我擁有自己的全部，因此我能和自己更熟悉、更親密。

由於我能如此，所以我能愛我自己，

並友善地對待自己的每一部分。

表 8　冥想示例（二）

> ### 課堂總結
>
> 你可以合上眼睛，讓自己放鬆。
> 我們每一個人都擁有與生俱來的寶藏。
> 現在你可以選擇：你希望成為怎樣的人？
> 你會否多留意自己身上的寶藏？
> 目前你能為自己做甚麼？
> 往後，我們可以繼續發掘更多不同的寶藏，
> 也有能力去強化和運用這些寶藏，
> 達成自己訂立的目標。

2. 天氣報告（temperature reading）

　　天氣報告是一種溝通方式，通過向別人分享，承認自己的想法和感受，可增加個人與自己及其他人的連結，達到內在一致性、表達一致性，與別人進行一致性溝通（John Banmen，2006 編 / 2008 譯）。這種方式包括五個步驟（Virginia Satir 等，1991 著 / 1998 譯）進行天氣報告，包括五個步驟：

欣賞、感激或興奮：
「我要感謝……」、「我對於……感到興奮」

擔憂、關心或困惑：
「對於……我感到擔憂」

抱怨和提議：
「我不喜歡……，同時我提議改變成……」

新資訊：
「我有新的宣佈……」

希望和願望：
「我希望……」

圖 2 天氣報告內容

圖 3 天氣報告海報

本書的教學設計加入天氣報告，師生或學生之間可以運用天氣報告進行聯繫和溝通，互相了解。此外，學生在閱讀《西遊記》課文後，也會代入孫悟空的角色運用天氣報告分享其想法和心聲。

3. 自尊錦囊 (self-esteem maintenance kit)

自尊錦囊是沙維雅模式中的另一個隱喻，包括七個不同法寶，即偵探帽 (detective hat)、真心 (heart)、智慧寶盒 (wisdom box)、勇氣權杖 (courage stick)、金鑰匙 (golden key)、意願盾牌 (yes/no medallion) 和願望棒 (wishing wand) (Tougas 等，2006 著 / 2012 譯)。沙維雅會借助這些道具協助人發生改變，這些道具實際上是一種心理儀式，普通的物件被構建和賦予特殊的意義，並為人所接受 (叢揚洋，2015)。這七個法寶都是我們與生俱來的本能：

表 9　自尊錦囊一覽表

自尊錦囊 (Tougas 等，2006 著 / 2012 譯)	
偵探帽	以好奇與開放的思維來代替即時狹隘的判斷。
智慧寶盒	讓我們去連接自己內在的智慧與知識。
真心	幫助我們發揮愛、關懷和體恤的本能。
勇氣權杖	幫助我們克服恐懼，勇往直前。
意願盾牌	確保我們的說話反映出內心真正的意願。
金鑰匙	打開無限可能之門，並容許我們在探索時提出所有我們想到的問題。
願望棒	幫助我們接觸自己的需要、期望或夢想。

圖 4　自尊錦囊海報

　　本書的教學設計以自尊錦囊配合正向心理六大美德，以七個錦囊提升學生的自尊以及自我價值感。每個自尊錦囊以道具、圖片和貼紙的形式呈現，讓學生更具體地認識六大美德，並通過一連串儀式體驗自尊錦囊的力量。六大美德與自尊錦囊的對應列表如下：

表 10 六大美德與自尊錦囊

六大美德	特質 (Martin E. P. Seligman，2002 著 / 2003 譯；李新民，2010)	自尊錦囊	錦囊內涵 (參考 Tougas 等，2006 著 / 2012 譯)
	/	偵探帽	鼓勵同學在閱讀時運用好奇與開放的思維。
智慧與知識	對很多事情感到好奇和有興趣，喜愛學習新事物。他會從多角度思考事物，發揮創新思維，比其他人有更不一樣的看法。	智慧寶盒	鼓勵同學連接自己內在的智慧與知識。
仁愛	喜歡親近人羣，重視和他人的關係。他對人仁慈和寬宏大量，因應不同場合，會展現合宜的舉止。	真心	鼓勵同學發揮愛、關懷和體恤的本能。
勇氣	做事不會因困難或痛苦而畏縮，會懷着興奮的心情行動，並堅持到底。而且，會有勇氣說實話，以行為表達真實的自己。	勇氣權杖	鼓勵同學克服恐懼，勇往直前。
公義	在團隊中和其他人維持友好關係，為團體的成功而努力，對所有人給予平等的機會。	意願盾牌	鼓勵同學的說話反映出內心真正意願。
節制	會適當地管理自己的情緒、行為和舉止，做選擇時會小心行事。當別人犯錯時會原諒他人，不會搶他人風采。	金鑰匙	鼓勵同學打開無限可能之門，增加對自己和對他人可以有的選擇。
靈性及超越	會心存感激，常向人表達謝意，並會看事情輕鬆的一面。他會發掘生活中的美麗，有清楚的人生目標，並努力追求心願。	願望棒	鼓勵同學接觸自己的需要、期望或夢想。

　　雖然，六大美德的特質可對應不同的自尊錦囊內涵，例如智慧與知識的「對很多事情感到好奇和有興趣，喜愛學習新事物」可對應偵探帽「鼓勵同學在閱讀時運用好奇與開放的思維」；勇氣的「會有勇氣說實話，以行為表達真實的自己」可對應意願盾牌「鼓勵同學的說話反映出內心真正意願」；節制的「會適當地管理自己的情緒、行為和舉止」、「當別人犯錯時會原諒他人，不會搶他人風采」可對應真心「鼓勵同學發揮愛、關懷和體恤的本能」等，但為了讓同學在認知六大美德和自尊錦囊時更容易記憶，也更容易掌握，本設計將六大美德各自對應一個自尊錦囊。這也顯示六大美德之間以及七個自尊錦囊之間是有相互關係，並且互相影響的。

4. 冰山隱喻（iceberg metaphor）

　　冰山包括行為（behaviour）、應對姿態（coping）、感受（feelings）、感受的感受（feelings about feelings）、觀點（perceptions）、期待（expectations）、渴望（yearnings）、自己：我是（self：I am）（Virginia Satir 等，1991 著 / 1998 譯）：

圖 5　冰山海報

教師在課堂運用冰山隱喻，可以讓學生說一說和寫一寫。學生願意時，可向信任的人真實地表達自己，並透過冰山各層多了解對方。引導學生學習真實地表達自己，並設身處地感受對方。本研究的教學設計建議教師根據冰山歷程提問學生，學生代入孫悟空的角色分享冰山內在想法及體驗。接着，學生填寫及分享自己正向心理六大美德的冰山內容。由於課堂時間所限，課堂內容和工作紙未有重點介紹「應對姿態」及「感受的感受」。

5. 面貌舞會（the parts party）

對於自己可接納的部分和自己不喜歡的部分，人們大多數會否認後者，甚至認為它們是「不好的」，以致運用所有能量來防止這些部分呈現出來。面貌舞會是一個確認、轉化（transform）和整合（integration）我們內在資源的過程，讓自己可以轉化「不好的」部分，使之成為資源，並自由地運用這些能量。面貌舞會主要有五個步驟：

1. 準備好主角
2. 描述各部分如何作為
3. 發展出這些部分之間不可避免的衝突
4. 轉化這些部分以解決衝突
5. 整合（Virginia Satir 等，1991 著 / 1998 譯）

6. 沙維雅模式的信念（Satir Model beliefs）

沙維雅模式的信念共有 22 條，內容包括對人的信念、對改變的態度、對關係的看法等。本設計選取其中 6 條，並按其內涵與六大美德配對：

表 11 六大美德與沙維雅模式的信念

六大美德	沙維雅模式的信念 (Virginia Satir 等，1991 著 / 1998 譯)
智慧與知識	「問題」不是問題，如何「應對問題」才是問題。
仁愛	人們因「相同」而聯結，因「相異」而成長。
勇氣	「改變」是有可能的；即使外在的改變有限，內在的改變仍是可能的。
公義	健康的人際關係建立在「平等的價值」之上。
節制	「感受」是屬於我們的；我們擁有它們，而且可以學習如何管理它們。
靈性及超越	欣賞並接納「過去」，可以增加我們處理「現在」的能力。

五

課程綜覽篇：
教學設計框架
及內容解構

無論以〈孫悟空三借芭蕉扇〉或〈孫悟空尋仙訪道〉作為教材，都有着相似的教學框架：

表 12　以《西遊記》提升正向心理的六節教學框架

教節	活動名稱	主題內容
一至二	孫悟空成長之旅——啟程、啟蒙與回歸	理解課文〈孫悟空三借芭蕉扇〉/〈孫悟空尋仙訪道〉
三	美德説明會	介紹「智慧與知識」和「仁愛」。
	與孫悟空尋寶：冰山全接觸	從課文找出「智慧與知識」和「仁愛」的例子，理解其重要性。
	美德大考驗	發掘個人「智慧與知識」和「仁愛」的例子。
四	美德説明會	介紹「勇氣」和「公義」。
	與孫悟空尋寶：冰山全接觸	從課文找出「勇氣」和「公義」的例子，理解其重要性。
	美德大考驗	發掘個人「勇氣」和「公義」的例子。
五	美德説明會	介紹「節制」和「靈性及超越」。
	與孫悟空尋寶：冰山全接觸	從課文找出「節制」和「靈性及超越」的例子，理解其重要性。
	美德大考驗	發掘個人「節制」和「靈性及超越」的例子。
六	孫悟空面貌舞會	整合孫悟空的不同面貌及資源寶庫。
	與自己尋寶	整合自己的不同面貌及資源寶庫。

正向心理 六大美德	沙維雅工具	輔助教具
/	1. 自尊錦囊：偵探帽 2. 天氣報告	1. 課文 2. 自尊錦囊：偵探帽 3. 我的藏寶圖海報 4. 我的藏寶圖工作紙 5. 天氣報告海報 6. 天氣報告工作紙
智慧與知識、 仁愛	1. 自尊錦囊：智慧寶盒和 　 真心 2. 沙維雅信念金句 3. 冰山隱喻	1. 自尊錦囊：智慧寶盒、真心 2. 冰山隱喻海報 3. 冰山隱喻工作紙 4. 我的藏寶圖海報 5. 我的藏寶圖工作紙
勇氣、公義	1. 自尊錦囊：勇氣權杖和 　 意願盾牌 2. 沙維雅信念金句 3. 冰山隱喻	1. 自尊錦囊：勇氣權杖、意願盾牌 2. 冰山隱喻海報 3. 冰山隱喻工作紙 4. 我的藏寶圖海報 5. 我的藏寶圖工作紙
節制、靈性 及超越	1. 自尊錦囊：金鎖匙和 　 願望棒 2. 沙維雅信念金句 3. 冰山隱喻	1. 自尊錦囊：金鎖匙、願望棒 2. 冰山隱喻海報 3. 冰山隱喻工作紙 4. 我的藏寶圖海報 5. 我的藏寶圖工作紙
六大美德 二十四種性 格強項	1. 面貌舞會 2. 冥想：我的自尊宣言 3. 沙維雅信 　 念金句	1. 冥想錄音：我的自尊宣言（節錄） 2. 我的藏寶圖海報 3. 我的藏寶圖工作紙 4. 與自己尋寶工作紙

活動場地安排

本教學設計包括不少課堂活動，進行活動時，建議須就場地安排作出預備。除了有助活動進行得更流暢，這些安排還為強調體驗和互動的沙維雅模式作出鋪墊，使之在教學上發揮更大效果：

1. 有充足空間放置道具，讓學生進行角色扮演；

2. 確保投影器及電腦運作正常，能播放簡報及音效；

3. 騰空壁報板（如課室前面有壁報板更佳），以張貼活動海報、圖卡、學生課業等。

1. 孫悟空成長之旅 ——
啟程、啟蒙與回歸（課堂一至二）

學習重點

- 理解課文內容要點
- 在理解的基礎上，推斷課文以外的內容和見解
- 評價內容和人物的性格、行為
- 運用聯想和想像，產生新的意念
- 因應情境和對象確定說話內容
- 演繹故事中的對話，表達人物的心情
- 有自信地發言，敢於說出自己的意見
- 運用適當的語氣說話
- 理解錄音資訊的主要訊息
- 仔細聆聽，認真思考
- 共通能力：培養創意、協作、解難及評鑑能力

教學活動

一、 引起動機

　　《西遊記》是中國古典名著經典故事，學生可能從電視劇、電影、漫畫、繪本等接觸過故事人物或內容。老師請同學自由分享自己認識及喜歡的《西遊記》角色，從而喚起同學的記憶，並引起同學對《西遊記》的討論。

老師指出接下來會帶領同學一起跟孫悟空尋寶,同時同學可把握機會,發掘自己身上的寶藏。過程中,同學會運用到自尊錦囊的法寶,老師先介紹第一個法寶 ——「偵探帽」,鼓勵同學在閱讀時運用好奇與開放的思維,發現不同的可能性。

二、 閱讀故事

此部分以聆聽錄音的方式完成,每播放一段落,便進行該段落的活動。老師讓學生選擇合上眼睛聆聽,或一邊閱讀文本一邊聆聽。

> ✎ **教學小提示**
>
> 老師可使用不同形式處理各個段落,例如第一段先播放錄音,其餘段落由老師示範朗讀、邀請個別同學朗讀、及分組朗讀等形式進行,同時訓練同學的聆聽及朗讀能力。

三、 認識孫悟空

老師熱情地帶動同學進行活動,先邀請不同的同學進行角色扮演,代入角色的心境和演出角色的行為:

表 13　課文角色列表

〈孫悟空三借芭蕉扇〉	〈孫悟空尋仙訪道〉
孫悟空	孫悟空
牛魔王	羣猴
鐵扇公主	老漢
唐三藏	仙童
豬八戒	菩提祖師
神仙	師兄弟
村民	

老師與同學進行訪問及扮演活動,包括 (1) 訪問角色;(2) 訪問台下同學;(3) 邀請角色或台下同學進行扮演:

1. 老師訪問角色提問舉隅

〈孫悟空三借芭蕉扇〉

- 提問原因，如訪問孫悟空：「**為甚麼你要去借芭蕉扇？**」

（因為附近有一座火焰山，這一帶長年沒有雨水，土地長不出莊稼來，村民苦不堪言。火焰山也阻礙我們前進西行取經。）

- 提問想法，如訪問牛魔王：「**你看見悟空後，打算怎樣做？**」

（我打算變成豬八戒，假裝幫悟空扛芭蕉扇，把扇子騙回去。）

- 提問意願，如訪問鐵扇公主：「**你願意把芭蕉扇借給孫悟空嗎？有哪些觀點影響你的決定？**」

（不願意，因為他曾得罪我。）

〈孫悟空尋仙訪道〉

- 提問態度，如訪問羣猴：「**石猴是你們的大王，你們對石猴的態度是怎樣的？**」

（尊敬。）

- 提問觀點，如訪問羣猴中的一位：「**你對猴王的觀點有甚麼看法？**」

（我認為閻羅王只能抓一般老百姓，不能抓佛、神、仙。）

- 提問說話內容，如訪問老漢：「**你跟猴王說了甚麼？**」

（往南走有座三星洞，那洞中有一位神仙。）

2. 老師訪問台下同學提問舉隅

〈孫悟空三借芭蕉扇〉

- 提問感覺：「**悟空看見村民的生活受火焰山影響，他有甚麼感覺？**」

（驚訝、好奇、生氣。）

- 提問行為：「悟空問鐵扇公主借扇時，鐵扇公主有甚麼舉動？」

（鐵扇公主用扇子把悟空扇到老遠的地方。）

〈孫悟空尋仙訪道〉

- 提問課文內容：「猴王將要下山尋找佛、神、仙，羣猴有甚麼預備？」

（羣猴為他預備了一大堆山桃野果，為他送行。）

- 提問行為：「猴王看見洞府後，有甚麼舉動？」

（他不自覺手舞足蹈，在洞前的一棵松上攀來盪去，呼喊起來。）

🖉 **教學小提示**

提問的原則有二：

- 按課文內容提問，檢視同學是否理解內容；
- 以冰山的不同層次切入提問，鼓勵同學按照文章內容或猜想角色的冰山各層內容作答，培養同學的創意和推測能力；
- 提問過程中，老師可按學生的程度解釋詞義和文章內容。

3. 老師邀請角色或台下同學進行扮演舉隅

〈孫悟空三借芭蕉扇〉

- 讓牛魔王扮演白鶴展翅飛去
- 讓鐵扇公主用扇子把悟空扇到老遠的地方
- 讓台下同學扮演火焰，如以揮手方式扮演熊熊烈火到被撲熄的火焰

〈孫悟空尋仙訪道〉

- 讓猴王以興奮、有希望的語調說出自己將有的行動（尋仙訪道）

- 讓猴王扮等不及仙童引路，已搶先奔到祖師前，倒身下拜，連續磕頭，說出對白
- 讓台下同學一同扮演羣猴，尊敬地向猴王呼喊：「美猴王！」

> ✎ **教學小提示**
>
> 訪問及角色扮演安排可彈性進行，例如：
>
> - 老師先挑選同學擔任角色，然後訪問角色，再邀請台下同學補充答案，最後讓擔任角色的同學演出答案；
> - 老師將全班同學分組，各組抽選要扮演的故事片段，同學在組內自行分配角色和扮演情節，最後由老師安排同學逐組演出。演出期間，老師加入訪問不同角色和台下同學的環節。

四、 總結

1. 第一節總結

老師了解學生對文章哪些片段的印象最為深刻，讓學生自由分享，互相交流。然後，老師帶領學生進行冥想，冥想內容包括：

表 14 冥想內容考慮方向及例子（一）

冥想內容考慮方向	例子
回顧課堂的經驗	今天我們以新形式學習課文，你可能是扮演某些角色，或是單單在座位上回答問題和留心聽講。
覺察自己的感受、想法或期待	我們看到孫悟空的行為有沒有與我相似的？ 有哪些值得我學習的？ 你對於孫悟空接下來的旅程有沒有一點期待？
將欣賞和感謝送給自己	無論如何，我們都送上一個欣賞和感謝給自己，因為今天我們給予自己一個寶貴的機會去學習和成長。

最後，老師派發「偵探帽」貼紙，讓學生貼在我的藏寶圖工作紙（一）上，以示學生已通過挑戰，獲得第一個寶藏。

老師可使用以下方式增加學生的投入感，讓學生輕鬆舒適地享受冥想活動。

冥想前：

- 提示學生合上眼，安靜聆聽冥想內容，儘量不要發出聲音；
- 提示學生以舒適的姿勢進行，如可先放下手上的東西、可調節椅子的位置、可將雙腳平放在地上等。

冥想時：

- 播放柔和、緩慢的背景音樂（不含歌詞）；
- 以緩慢語速輕聲讀出冥想內容。

2. 第二節總結

老師請同學想想孫悟空有哪些性格特質，以及自己最欣賞孫悟空哪些性格。然後，老師展示天氣報告的內容，並邀請學生分享。老師介紹及示範天氣報告時，可考慮以下方向：

表 15 天氣報告的項目、表達方式及內容考慮方向

天氣報告項目	表達方式	考慮方向
欣賞、感激或興奮	「我要感謝……」 「我對於……感到興奮」	對於自己、別人或事情的感謝／興奮，並指出感謝／興奮的原因或具體內容。
擔憂、關心或困惑	「對於……我感到擔憂」	對於自己、別人或事情的擔憂，並指出擔憂的原因或具體內容。
抱怨和提議	「我不喜歡……，同時我提議改變成……」	提出不喜歡的事情或人（例如提出不喜歡別人的行為或說話，而非不喜歡整個人），更重要是提議一些可能的改變方向或具體內容。

天氣報告項目	表達方式	考慮方向
新資訊	「我有新的宣佈……」	提出願意與大家分享的資訊，例如自己的覺察、想法、經歷、經驗、發現、決定等。
希望和願望	「我希望……」	提出想要的東西、想要發生的事情、想要實現的願望、想要達到的目的等。

📎 教學小提示

* 引導學生分享最近的經歷，尤其是與本系列課堂有關的經驗；
* 鼓勵學生體驗此時此刻的內在感受和想法；
* 即使學生浮現任何感受和想法，老師都表示接納；
* 假如學生的天氣報告內容比較簡短，老師可加以好奇提問或引導；
* 假如老師或學生對同學報告的內容不確定，可提出並與同學核對；
* 學生進行天氣報告後，老師可自行回應或邀請其他學生回應，回應方向如表達欣賞或感謝。

課業

老師讓學生代入孫悟空的角色，列寫屬於他的天氣報告，完成孫悟空的天氣報告工作紙。學生透過課業重溫課堂上對孫悟空的認識，以及對課文內容的理解。運用天氣報告的形式書寫，可加強學生的代入感。

課堂觀察

- 同學看見老師戴上偵探帽，感到興奮，並表示老師的形象頓時變得有趣；

- 老師邀請同學參與角色扮演、抽選自尊錦囊法寶，同學反應踴躍，熱衷參與；

- 老師帶領同學進行冥想時，同學感到驚奇，部分同學最初不願意合上眼，並好奇老師會做些甚麼，但經老師鼓勵後，同學也嘗試投入；

- 老師提供天氣報告五個步驟，同學有步驟和句式可依，更容易也更願意表達個人想法和感受。

2. 與孫悟空尋寶 —— 六大美德

（課堂三至五）

學習重點

- 選擇能突出重點的素材
- 調整內容、增刪材料
- 評價內容、人物的性格和行為
- 運用聯想和想像，產生新的意念
- 按寫作需要確定寫作內容
- 有自信地發言，敢於說出自己的意見
- 仔細聆聽，認真思考
- 因應不同的寫作要求，採取適當的寫作方法：運用聯想、想像
- 培養六大美德：智慧與知識、仁愛、勇氣、公義、節制和靈性及超越
- 共通能力：培養創意、協作、解難及評鑑能力

教學活動

一、 重溫

　　老師提問學生課文內容，例如重溫故事人物或故事重要情節，並請學生分享孫悟空的天氣報告。這些提問旨在令學生回憶上一節課的學習內容，幫助學生預備自己，投入接下來的課堂活動。

二、 引起動機

老師戴上前一節課介紹的法寶 ——「偵探帽」，表示今天大家繼續做一名偵探，帶着開放和好奇心尋找孫悟空的寶藏。然後，老師展示自尊錦囊，指出錦囊裏還有其他寶物，接下來的三節課，每節課會請學生從中抽出兩種法寶：

表 16 第三節：自尊錦囊法寶及代表的六大美德

第三節	
自尊錦囊法寶	代表的六大美德
智慧寶盒	智慧與知識
真心	仁愛

表 17 第四節：自尊錦囊法寶及代表的六大美德

第四節	
自尊錦囊法寶	代表的六大美德
勇氣權杖	勇氣
意願盾牌	公義

表 18 第五節：自尊錦囊法寶及代表的六大美德

第五節	
自尊錦囊法寶	代表的六大美德
金鎖匙	節制
願望棒	靈性及超越

三、 美德說明會

老師先講解美德的定義，讓同學在尋寶前對美德有所認識。六大美德之下有對應的二十四種性格強項，由於課堂時間所限，老師未必在此為每種性格強項作詳細講解，以下為講解重點舉隅：

表 19 第三節：「智慧與知識」及「仁愛」的意思

第三節	
六大美德	意思 (Martin E. P. Seligman，2002 著 / 2003 譯； 李新民，2010)
智慧與知識	• 對很多事情感到好奇和有興趣，喜愛學習新事物。 • 從多角度思考事物，發揮創新思維，比其他人有更不一樣的看法。
仁愛	• 喜歡親近人羣，重視和他人的關係。 • 對人仁慈和寬宏大量，因應不同場合展現合宜的舉止。

表 20 第四節：「勇氣」及「公義」的意思

第四節	
六大美德	意思 (Martin E. P. Seligman，2002 著 / 2003 譯； 李新民，2010)
勇氣	• 做事不會因困難或痛苦而畏縮，會懷着興奮的心情行動，並堅持到底。 • 有勇氣說實話，以行為表達真實的自己。
公義	• 在團隊中和其他人維持友好關係。 • 為團體的成功而努力，給予所有人平等的機會。

表 21　第五節：「節制」及「靈性及超越」的意思

第五節	
六大美德	**意思** (Martin E. P. Seligman，2002 著 / 2003 譯； 李新民，2010)
節制	● 適當地管理自己的情緒、行為和舉止，做選擇時會小心 　行事。 ● 當別人犯錯時會原諒他人，不會搶他人風采。
靈性及超越	● 心存感激，常向人表達謝意，並會看事情輕鬆的一面。 ● 他會發掘生活中的美麗，有清楚的人生目標，並努力追 　求心願。

✎ 教學小提示

● 老師講解六大美德時，可輔以生活例子解釋，或請同學就美德的內涵
　舉出實例，以確保同學對美德有準確的理解；

● 老師可請同學朗讀美德的意思或重點字眼，以加強同學的記憶。

四、 與孫悟空尋寶：冰山全接觸

　　當同學認識美德的定義後，便可從文章內容找出孫悟空的相
應行為。如有需要，老師也可以提問引導學生思考和發現：

表 22 第三節：「智慧與知識」及「仁愛」的課文提問舉隅

第三節		
六大美德	〈孫悟空三借芭蕉扇〉	〈孫悟空尋仙訪道〉
智慧與知識	• 悟空想出哪些方法借芭蕉扇？ • 悟空跟牛魔王鬥法時，他怎樣做？	• 悟空找到三星洞後，他有甚麼動作和反應？ • 悟空學習了哪些新事物、新知識或新技巧？
仁愛	• 為甚麼悟空要三借芭蕉扇？ • 悟空最後怎樣對待鐵扇公主？他怎樣處置芭蕉扇？	• 悟空在哪些時候展示了合宜的舉止？ • 悟空有哪些舉動想親近人羣？

表 23 第四節：「勇氣」及「公義」的課文提問舉隅

第四節		
六大美德	〈孫悟空三借芭蕉扇〉	〈孫悟空尋仙訪道〉
勇氣	• 從哪些片段可見悟空懷着積極的心情邁向自己的目標？ • 從哪些片段可見悟空勤奮的一面？	• 悟空在哪些場合有勇氣地表達自己？ • 悟空在哪些場合表達了真誠的自己？
公義	• 從哪些線索可以推想悟空與團隊中其他人關係友好？ • 從哪些線索可以推想悟空效忠和致力於團隊？	• 從哪些線索可以推想悟空與團隊中其他人關係友好？ • 從哪些線索可以推想悟空公平地對待團體的成員？

表 24 　第四節：「節制」及「靈性及超越」的課文提問舉隅

第五節		
六大美德	〈孫悟空三借芭蕉扇〉	〈孫悟空尋仙訪道〉
節制	● 悟空如何小心、謹慎地行事？ ● 悟空在哪些時候嘗試管理自己的情緒、行為或舉止？	● 悟空在哪些時候嘗試管理自己的情緒、行為或舉止？ ● 悟空在哪些場合不計較別人的責備？
靈性及超越	● 從哪些線索推想悟空對未來心存盼望？	● 悟空在哪些時候表達感恩或感激？ ● 從哪些片段可見悟空有幽默感？

　　老師以孫悟空的行為作例子，介紹冰山模式，指出每個人的行為背後，其實還有很豐富的內在。老師邀請六位同學，分別拿着冰山圖卡，扮演冰山的「行為」、「感受」、「觀點」、「期待」、「渴望」和「自己：我是」。同學依據孫悟空的行為，猜猜他冰山各層的內容。藉着同學參與，大家更立體地看見每一個人都有很多不同的部分，從而引發同學的好奇心，一層層探索：

表 25 　孫悟空的冰山舉隅

孫悟空的冰山		
內容 [1]	〈孫悟空三借芭蕉扇〉	〈孫悟空尋仙訪道〉
行為（行動、説話、動作、表情）	我拿着從鐵扇公主手中取得的芭蕉扇。	我因為祖師登壇講道而眉開眼笑，手舞足蹈。

---

[1] 冰山隱喻包括「行為」、「應對姿態」、「感受」、「感受的感受」、「觀點」、「期待」、「渴望」、「自己：我是」（Virginia Satir 等，1991 著 /1998 譯）。由於課堂時間所限，學生又初次接觸沙維雅模式，所以只介紹冰山其中六個層次，即除「應對姿態」和「感受的感受」之外的六個部分。

孫悟空的冰山		
內容[1]	〈孫悟空三借芭蕉扇〉	〈孫悟空尋仙訪道〉
感受（喜悅、憤怒、恐懼、悲傷等）	我感到…… ☑ 開心 ☑ 得意 ☑ 雀躍 ☐ 生氣 ☐ 不屑 ☐ 不耐煩	我感到…… ☑ 開心 ☑ 得意 ☑ 雀躍 ☐ 生氣 ☐ 不屑 ☐ 不耐煩
觀點（信念、假設、預設立場、想法）	我認為…… ☑ 芭蕉扇很重要。 ☑ 芭蕉扇可以熄滅烈火，令村民生活得以改善。	我認為…… ☑ 學習是一件有趣的事。 ☐ 人必須學習。
期待（對自己的、對他人的、來自他人的）	我希望…… ☑ 能讓村民生活得以改善。 ☑ 唐三藏稱讚我。 ☑ 成功取得芭蕉扇。 ☐ 鐵扇公主向我道歉。	我希望…… ☑ 祖師將會教我更多知識和技巧。 ☑ 自己不會騷擾別人學習。
渴望（人類共有的，如愛與被愛、被接納、被認可、自由）	其實，我心底裏需要…… ☑ 被愛 ☑ 被肯定 ☑ 被重視	其實，我心底裏需要…… ☑ 認同 ☑ 肯定 ☑ 生命有意義
自己：我是（生命力精神、核心、本質）	我是擁有智慧和知識的。	

* 如學生能力較高，老師可在首次探索孫悟空冰山的示範中提供選項，帶領學生猜測，之後便開放予學生自行探索孫悟空的冰山內在。

✎ 教學小提示

老師邀請學生從課文中找出孫悟空六大美德的行為時：

- 可以個人或分組形式進行；
- 一個行為可以呈現多種美德，即學生舉出孫悟空行為的例子，可能同時適用於「智慧與知識」和「仁愛」，唯在探索各層冰山時，會發現內在有所不同；
- 一種美德可以通過多種行為呈現，因此學生可在課文中找出一種美德的不同例子。學生可加以説明原因，言之成理即可，不必一定依從參考答案，老師繼而帶領學生探索孫悟空的冰山內在。

老師邀請學生猜猜孫悟空六大美德的冰山時：

- 可以個人或分組形式進行；
- 如學生遇上困難，老師可給予提示，例如提供選項讓學生選擇、運用提問並加以引導；
- 提醒學生冰山各層是有關連的，例如孫悟空的「觀點」是「芭蕉扇是很重要的」，所以他的「期待」是「他希望自己能取得芭蕉扇」；
- 學生的答案與參考答案或老師內心想法有差距，老師可帶着好奇提問學生的想法，取代批判或否定；
- 是次活動中，「自己：我是」主要是指六大美德。

五、 美德大考驗

當學生從孫悟空身上找到六大美德，便可想想自己有哪些屬於六大美德的行為，然後帶着好奇心探索個人內在冰山。

✎ **教學小提示**

老師邀請學生想想自己六大美德的行為時：

- 提醒學生從生活小事發掘美德，而不必一定是大事；
- 舉出一些校園或家庭的常見例子，供學生參考，啟發學生；
- 一個行為可以呈現多種美德，但儘量針對不同美德想出不同的行為，不建議學生以相同的行為作為多於一種美德的答案；
- 一種美德可以通過多種行為呈現，因此學生可選出最能代表該美德的行為，加以説明原因，言之成理即可，老師繼而帶領學生探索各層冰山。

老師邀請學生想想自己六大美德的冰山時：

- 如學生遇上困難，老師可給予提示，例如提供選項讓學生選擇、運用提問並加以引導；
- 建議學生參考孫悟空的冰山填寫自己的冰山；
- 提醒學生冰山各層是有關連的，例如自己有這個「行為」時是有着某些「感受」，自己有着這些「感受」是因為有着某些「觀點」，自己有着這些「觀點」所以有着某些「期待」；
- 學生的答案可能與老師內心想法有差距，老師可帶着好奇提問學生的想法，取代批判或否定；
- 是次活動中，「自己：我是」主要是指六大美德。

完成後，老師可抽選學生與班上同學分享，或安排學生以小組形式分享。學生分享後，老師及其他學生可帶着好奇提問或給予回饋，例如表達欣賞、表達聆聽後的感受、表達自己有相似經歷，但有不同期待等。

六、 信念金句

老師帶領學生完成每個美德活動後，便介紹該美德的信念金句：

表 26　第三節：「智慧與知識」及「仁愛」信念金句

第三節	
六大美德	信念金句 （Virginia Satir 等，1991 著 /1998 譯）
智慧與知識	「問題」不是問題，如何「應對問題」才是問題。
仁愛	人們因「相同」而聯結，因「相異」而成長。

表 27　第四節：「勇氣」及「公義」信念金句

第四節	
六大美德	信念金句 （Virginia Satir 等，1991 著 /1998 譯
勇氣	「改變」是有可能的；即使外在的改變有限，內在的改變仍是可能的。
公義	健康的人際關係建立在「平等的價值」之上。

表 28　第五節：「節制」及「靈性及超越」信念金句

第五節	
六大美德	信念金句 （Virginia Satir 等，1991 著 /1998 譯）
節制	「感受」是屬於我們的；我們擁有它們，而且可以學習如何管理它們。
靈性及超越	欣賞並接納「過去」，可以增加我們處理「現在」的能力。

✎ 教學小提示

老師展示金句後：

- 可邀請學生朗讀全句或重點字眼；

- 請學生解釋金句的意思；

- 解說金句時，輔以校園或家庭生活例子，讓學生容易明白。

七、 總結

老師派發六大美德貼紙，讓學生貼在我的藏寶圖工作紙上，以示學生已獲得六個寶藏（建議教授一個美德後，老師便派發該美德貼紙）。

課業

老師讓學生完成美德藏寶圖工作紙（一至六），探索孫悟空和自己的美德及所屬冰山。

課堂觀察

● 同學對於抽選自尊錦囊法寶感到興奮和雀躍，道具更有助同學認知和記憶法寶所配搭的六大美德以及性格強項；

● 同學能代入和猜測孫悟空的冰山，即使同學的想法與參考答案未必相同，但也能提供合理的解釋，作為推測的佐證；

● 同學在分辨「期待」和「渴望」時有所混淆，老師加以解釋「期待是想要」，「渴望是需要」，讓同學更容易分辨；

● 老師提供開放的學習環境，帶着正向好奇，讓同學自由地表達孫悟空對應六大美德的行為；

● 同學願意主動舉手分享自己的冰山，儘管個別同學有害羞、膽怯、尷尬的情況，但經老師鼓勵，以及其他同學的支持和肯定，個別同學的緊張情緒得到舒緩，師生亦接納和尊重同學的狀態；

● 個別老師分享自己六大美德的冰山作為示範，同學對此很感興趣，聆聽後也更願意分享自己的冰山。這些互動增加了老師和學生之間、同學和同學之間的認識和連結。

3. 孫悟空面貌舞會 + 與自己
尋寶（課堂六）

學習重點

- 評價內容、人物的性格和行為
- 運用聯想和想像，產生新的意念
- 發掘及整合自己的內在資源，引發改變
- 共通能力：培養創意、協作、解難及評鑑能力

教學活動

一、 重溫

老師請學生想想第二至第五節課學習過的美德，並請學生分享自己擁有哪些美德、美德所屬的行為及冰山內在。

二、 引起動機

老師指出我們每人都有一個大寶箱，寶箱內有很多寶藏，接下來我們會打開寶箱，看看有些甚麼。

三、 孫悟空面貌舞會

老師請學生將孫悟空的特質填在孫悟空的寶藏工作紙上。除了前幾節課談及的六大美德，按照學生已有的認知，可能對孫悟空提出一些負面的形容詞，例如頑皮、衝動、好勝、反叛。是次活動的目的是藉着面貌舞會轉化孫悟空的負面特質，增加孫悟空的可用資源，讓學生發現他更多的寶藏，並對他有更完整的看法。老師以兩組例子進行活動，每組例子包括一個正面和一個負面特質。老師先請學生到台前扮演特質，將之具體呈現在學生眼前：

表 29　面貌舞會 例子一

特質	勤力	頑皮
扮演內容	走到哪裏都不停地做功課，逃避扮演「頑皮」的同學。被頑皮的同學騷擾時，不專心溫習。	蹦蹦跳跳，走來走去，騷擾扮演「勤力」的同學。

表 30　面貌舞會 例子二

特質	熱情	衝動
扮演內容	張開雙臂，走向扮演「衝動」的同學，以愛和友善對待他。	橫衝直撞，撞到別人時，裝作打人的樣子。

　　大家一般認為「勤力」和「熱情」是好的特質，「頑皮」和「衝動」是不好的特質。然而，老師可通過提問引導學生思考「頑皮」和「衝動」是否真的不好，「勤力」和「熱情」是否在任何時候及場合也是好的特質，提問舉隅：

1.　我們是否可以連續二十四小時「勤力」地工作？

　　（不可以）

2.　別人不願意時，我們「熱情」地親近人，這樣好嗎？

　　（不太好）

3.　「頑皮」的人通常有哪些其他特質？

　　（輕鬆、多鬼主意、活躍）

4.　「衝動」的人做事速度是如何的？

　　（比較快）

　　從中，學生更明白特質沒有絕對的好與壞，所有特質都是主角的資源，主角可以接納自己不同的面貌，按個人意願及情境需要自由地運用自己的資源。老師請扮演的學生使用以下句式表達：

「我接受頑皮，因為你帶來輕鬆，我為你改個別名，名叫活潑。」

「我接受衝動，因為你帶來動力，我為你改個別名，名叫衝勁。」

老師鼓勵學生運用面貌舞會句式：「我接受（特質），因為你（特質的正面意義），我為你改個別名，名叫（特質的正面名稱）。」轉化自己的負面特質，然後互相分享。老師和同學就分享者給予回饋和讚賞。

✎ **教學小提示**

- 假如學生未能就負面特質進行轉化，老師可多舉幾個例子作為示範；
- 除了將「頑皮」轉化為「活潑」以及將「衝動」轉化為「衝勁」，老師可按自己對學生的認識，抽選班上較普遍的負面特質作為例子，讓學生更容易明白及掌握，過程中也更有代入感。

四、 信念金句

老師帶領學生完成面貌舞會活動後，便介紹信念金句：

表 31 第六節：信念金句

信念金句 (Virginia Satir 等，1991 著 / 1998 譯)
我們要尋找自己的寶藏，然後去連結並肯定自己。

五、 慶祝

老師透過提問引導學生思考這幾節課的學習和收穫，提問舉隅：

1. 經過這些課堂活動，我們獲得了甚麼？

2. 我們擁有甚麼特質和寶藏？

3. 最後用一句話為自己慶祝，你會說些甚麼？

> ✎ **教學小提示**
>
> ● 假如學生未能歸納自己的所學所得，老師可先分享自己的得着和想法，啟發學生；
>
> ● 老師根據同學的回應作出回饋，例如透過追問引導同學作更具體的分享。

六、 鞏固及總結

老師以《我的自尊宣言（節錄）》影片及冥想為課堂作結。《我的自尊宣言（節錄）》影片以輕鬆生動的動畫形式展示，承接面貌舞會活動，再一次強調每個人都是獨特的，並逐一數算個人擁有的資源，包括個人想法、行動、感受、四肢、五官等。

老師帶領學生進行冥想，冥想內容包括：

表 32 冥想內容考慮方向及例子（二）

冥想考慮方向	例子
肯定學生	我們每一個人都擁有與生俱來的寶藏。
鼓勵學生思考	你想在自己身上找到哪些寶藏？
鼓勵學生在此刻為自己做新選擇和新決定	面對過去，我們不能改變，但我們能夠改變過去對我們的影響。 現在你可以重新選擇，你希望成為怎樣的人？ 目前你能為自己做甚麼？
鼓勵學生實踐	往後，我們繼續發掘自身的六大美德，也有能力去強化和運用這些資源。

✎ **教學小提示**

老師可使用以下方式增加學生的投入感，讓學生輕鬆舒適地享受冥想活動。

冥想前：
- 提示學生合上眼，安靜聆聽冥想內容，儘量不要發出聲音；
- 提示學生以舒適的姿勢進行，如可先放下手上的東西、可調節椅子的位置、可將雙腳平放地上等。

冥想時：
- 播放柔和、緩慢的背景音樂（不含歌詞）；
- 以緩慢語速輕聲讀出冥想內容。

　　最後，老師派發孫悟空的寶藏工作紙和與自己尋寶工作紙，請學生回家整理這幾節課的學習，鼓勵學生儘量多發掘孫悟空和自己的寶藏。

課堂觀察

- 進行面貌舞會時，同學明白老師所舉的兩個例子（將「頑皮」轉化為「活潑」以及將「衝動」轉化為「衝勁」）；

- 當老師請同學想想自己的負面特質時，同學未想到太多例子，老師就此加以提問，引導學生思考；

- 同學對《我的自尊宣言（節錄）》影片感興趣，老師在播放影片前告訴學生，影片中提及很多屬於我們的寶藏，請同學記一記。這有助同學帶着好奇心觀看，也有助同學為此活動做好預備；

- 同學第二次進行冥想，比第一次更加投入和熟習，因此第二次冥想的內容可以更為豐富。

六

教材篇：
〈孫悟空三借芭蕉扇〉
教學設計及工作紙

1. 課文

1. 唐三藏師徒四人一路往西天取經，路上酷熱無比。孫悟空打聽後得知，因為附近有一座火焰山，所以這一帶長年沒有雨水，土地長不出莊稼來，村民的生活苦不堪言。

2. 悟空知道鐵扇公主有一把芭蕉扇，能夠撲滅火焰山的烈火，便立即去請鐵扇公主幫忙。[1] 可是，他曾經得罪鐵扇公主，所以公主拒絕了他，還用扇子把他扇到老遠的地方去。[2]

3. 悟空並不死心，他靈機一動，變成一隻小飛蟲，飛進鐵扇公主要喝的茶裏。[3] 等公主喝了茶後，悟空在她的肚子裏又跳又鬧，讓公主痛得在地上打滾，只好答應悟空，借出芭蕉扇。

4. 悟空馬上到火焰山前，用力扇動芭蕉扇。想不到烈火不但不熄滅，反而熊熊地燃燒起來，原來那芭蕉扇是假的。悟空很生氣，決定再去找鐵扇公主。

5. 悟空趁鐵扇公主的丈夫牛魔王外出赴宴時，變成了牛魔王的模樣，殷勤地和公主喝酒談天。等公主喝到醉醺醺的時候，悟空哄騙公主把芭蕉扇借給他，還取得變大扇子的口訣。[4] 公主清醒後，知道被悟空欺騙了，惱羞成怒。

6. 悟空雖然懂得變大扇子，可是他不知道把扇子變小的口訣，只好扛着大扇子往前走。牛魔王在路上看見

1　愛；公民感、團隊精神和忠心；領導才能。

2　自我控制和自我規範。

3　洞察力及智慧；判斷力；興致、熱情和幹勁；勇敢和勇氣；勤奮、用功和堅毅；公民感、團隊精神和忠心；領導才能；小心、謹慎、審慎；自我控制和自我規範。

4　洞察力及智慧；判斷力；興致、熱情和幹勁；勇敢和勇氣；勤奮、用功和堅毅；公民感、團隊精神和忠心；領導才能；小心、謹慎、審慎；自我控制和自我規範。

了，馬上變成豬八戒的模樣，假裝幫悟空扛芭蕉扇，把扇子騙了回去。當悟空發現上了當，便揮動鐵棒，向牛魔王劈頭就打。牛魔王拔劍相迎，兩人打得難分難解。

7. 這時，唐三藏命豬八戒去助悟空一臂之力。牛魔王和悟空打了半天，已精疲力竭，突然八戒提着釘耙殺來，牛魔王招架不住，便逃往摩雲洞。

8. 悟空和八戒緊追不放，牛魔王急忙變成一隻白鶴，展翅飛去；悟空見狀，便變成一隻丹鳳追了過去。牛魔王沒有辦法，只好飛下山崖，變成獅子；悟空立即在地上一滾，變成巨象，用長鼻子捲着獅子。牛魔王唯有現出真身，變回大白牛，用八千多丈高的牛角直刺向悟空。悟空大叫一聲：「長！」立即身高萬丈，手拿大鐵棒，朝牛魔王打去。[5]

9. 悟空和牛魔王鬥法，驚動了天上的神仙，眾仙紛紛前來幫助悟空。牛魔王被重重包圍，最終給打敗了。悟空對鐵扇公主說：「除非你交出芭蕉扇，否則牛魔王就要變成一頭牛。」公主百般無奈，只好交出扇子。

10. 悟空到了火焰山，用力扇了一下，烈火立即熄滅；再扇了兩下，天上立即降下大雨，村民都笑逐顏開。悟空用完扇子，便把它還給鐵扇公主，然後繼續跟唐三藏趕路往西天了。[6]

（886 字）

註：引用自學好中國語文編輯委員會 (2011)《學好中國語文 五上二》，香港：培生香港。

---

5 判斷力；創造力、靈巧性和獨創性；興致、熱情和幹勁；勇敢和勇氣；勤奮、用功和堅毅；公民感、團隊精神和忠心；領導才能；小心、謹慎、審慎；自我控制和自我規範。

6 公民感、團隊精神和忠心；領導才能；寬恕和慈悲；希望、樂觀感和未來意識。

2. 美德一覽表

表 33 〈孫悟空三借芭蕉扇〉孫悟空的六大美德二十四種性格強項

六大美德	二十四種性格強項	課文情節
智慧與知識	對世界的好奇和興趣	/
	洞察力及智慧	悟空運用不同的方法嘗試取得芭蕉扇。
	判斷力	
	創造力、靈巧性和獨創性	悟空跟牛魔王鬥法，隨着牛魔王的變法而變成不同的動物，以克制牛魔王。
	喜愛學習	/
仁愛	社交智慧	/
	愛	悟空看見村民生活苦不堪言，也知道團隊因火焰山阻礙而未能繼續西行，便向鐵扇公主借芭蕉扇。
	仁慈和寬宏	悟空沒有因鐵扇公主不肯借芭蕉扇而記仇，他用完芭蕉扇後便還給公主，繼續西行。
勇氣	誠實、真摯和真誠	/
	興致、熱情和幹勁	悟空不會因挑戰或困難而畏縮，無論是借芭蕉扇或跟牛魔王鬥法，他也沒有放棄。他努力想出不同的方法完成已開始的事情。
	勇敢和勇氣	
	勤奮、用功和堅毅	
公義	不偏不倚、公平和公正	/
	公民感、團隊精神和忠心	悟空作為團隊的一份子，表現突出。他是一個效忠和致力於團隊的隊員，能完成自己的份內事，並為團隊努力，不會逃避責任。他把扇還給公主後，繼續跟唐三藏及團隊趕路往西天取經。
	領導才能	

六大美德	二十四種性格強項	課文情節
節制	小心、謹慎、審慎	悟空在考慮用甚麼方法借芭蕉扇及與牛魔王鬥法時，都小心謹慎地行事。
	自我控制和自我規範	悟空雖然因被鐵扇公主欺騙而感到憤怒，但依然想出辦法 —— 變成牛魔王的模樣，哄騙鐵扇公主取得扇子。
	寬恕和慈悲	悟空沒有記住鐵扇公主的小氣和記仇，把芭蕉扇還給公主。
	謙恭和謙遜	/
靈性及超越	感恩	/
	對美麗和卓越的欣賞	/
	靈修性、對目的的觀念和信念	/
	希望、樂觀感和未來意識	悟空對西行取經深存盼望，努力達成自己心願，相信自己可以掃除西行取經的障礙。
	幽默感和挑皮	/

3. 教學設計及工作紙

(1) 課堂 —— 教學設計：孫悟空成長之旅 —— 啟程與啟蒙

學習重點

- 理解課文第一至第五段內容要點
- 在理解的基礎上，推斷課文以外的內容和見解
- 評價內容和人物的性格、行為
- 運用聯想和想像，產生新的意念
- 因應情境和對象確定說話內容
- 演繹故事中的對話，表達人物的心情
- 有自信地發言，敢於說出自己的意見
- 運用適當的語氣說話
- 理解錄音資訊的主要訊息
- 仔細聆聽，認真思考
- 共通能力：培養創意、協作、解難及評鑑能力

教學步驟

一. 引起動機

- 老師提問：
  - 你認識哪些《西遊記》的人物？（學生自由分享，答案僅供參考：唐三藏、孫悟空、豬八戒、沙僧。）
  - 你最喜歡《西遊記》哪個角色？為甚麼？（學生自由分享，答案僅供參考：我最喜歡孫悟空，因為他很聰明。）

> **構思和備註**
> 透過提問幫助學生建構故事背景。

- 老師指出：接下來的課節，我們會了解〈孫悟空三借芭蕉扇〉的內容，過程中我們會運用自尊錦囊的法寶，跟孫悟空一起尋寶，同時也會發掘我們自己身上的寶藏。
- 老師邀請學生從自尊錦囊抽出第一個法寶。
- 老師指出：我們這幾天會運用第一個法寶 ——「偵探帽」（老師展示或戴上「偵探帽」）。戴上這頂「偵探帽」，在閱讀時，我們可帶着好奇與開放，發現不同的可能。

> **構思和備註**
> 運用沙維雅自尊錦囊 ——「偵探帽」，鼓勵同學在閱讀時運用好奇與開放的思維。

二、閱讀故事

- 此部分以聆聽錄音的方式／學生朗讀的方式完成，每播放／朗讀一段落，便進行該段落的活動。

- 老師讓學生選擇合上眼睛聆聽，或一邊閱讀文本一邊聆聽。

三、認識孫悟空

段落一至段落三：

- 老師提問：

  - 故事中包括哪些角色？（唐三藏師徒四人、孫悟空、鐵扇公主、牛魔王）

- 老師熱情地帶動同學進行活動，先邀請數位同學分別扮演孫悟空、鐵扇公主、牛魔王，請他們代入角色。老師提問及同學扮演活動舉隅：

> **構思和備註**
>
> 運用沙維雅的雕塑技術，進行角色扮演，並以生動和戲劇化的方式呈現對話、非語言溝通的空間距離、姿勢與表情。

提問對象	提問內容	扮演活動
悟空	為甚麼你要去借芭蕉扇？（因為附近有一座火焰山，這一帶長年沒有雨水，土地長不出莊稼來，村民苦不堪言。火焰山也阻礙我們前進西行取經。）	讓悟空以適當的語氣説出想法
悟空	你看見這個情況，有甚麼感受？（擔心）	讓悟空扮演擔心的樣子
鐵扇公主	你願意把芭蕉扇借給孫悟空嗎？有哪些觀點影響你的決定？（不願意，因為他曾得罪我。）	讓鐵扇公主以適當的語氣説出想法
鐵扇公主	你想起悟空曾得罪你，你有甚麼感受？（憤怒）	讓鐵扇公主扮演憤怒的樣子
同學	悟空問鐵扇公主借扇時，鐵扇公主有甚麼舉動？（鐵扇公主用扇子把悟空扇到老遠的地方。）	讓鐵扇公主用扇子把悟空扇到老遠的地方
悟空	你打算放棄嗎？接下來你有甚麼計劃？（不會放棄，接下來我會變成一隻小飛蟲，飛進鐵扇公主要喝的茶裏，然後在她的肚子裏又跳又鬧。）	讓悟空以適當的語氣説出想法

> **構思和備註**
>
> 在老師的引導下，學生學習表達想法和感受，訓練理解和表達能力。
>
> 透過角色扮演，讓學生集思廣益，培養學生的協作能力及解難能力。

悟空	你有這樣的打算，你現在有甚麼感受？（興奮、不忿）	讓悟空扮演興奮的樣子
鐵扇公主	你喝了茶後，有甚麼感受？ （痛得在地上打滾） 在疼痛之下，你有甚麼新決定？ （我決定假裝答應悟空，將假扇借給他。）	讓鐵扇公主裝出疼痛的樣子

- 引導過程中，老師可按學生程度解釋詞義。
- 提問過程中，老師可邀請班上其他學生參與回答問題或補充答案，然後讓扮演的學生演出答案。

段落四至段落五：

- 老師邀請數位同學分別扮演孫悟空和鐵扇公主，請他們代入角色。老師提問及同學扮演活動舉隅：

提問對象	提問內容	扮演活動
悟空	你到火焰山後立即做些甚麼？ （我立即用力地扇動芭蕉扇。）	讓悟空用力扇動芭蕉扇
悟空	這時，火焰山的火怎樣？ （烈火不但沒有熄滅，反而熊熊地燃燒起來。）	讓台下的同學扮演火焰，由烈火發展成熊熊地燃燒起來
同學	悟空這時有甚麼感覺？ （驚訝、好奇、生氣。）	讓悟空以適當的語氣説出感受
悟空	你打算怎樣做？ （我打算變成牛魔王的模樣，與公主喝酒談天，然後哄騙她把芭蕉扇借給我，並取得變大扇子的口訣。）	讓悟空演出他的想法
鐵扇公主	你被悟空騙了，有甚麼感受？ （憤怒。）	讓悟空以適當的語氣説出感受

引導過程

- 老師可按學生程度解釋詞義。
- 提問過程中，老師可邀請班上其他學生參與回答問題或補充答案，然後讓扮演的學生演出答案。

四、總結

- 老師提問：
  - 故事中，哪一個片段最令你印象深刻？為甚麼？（學生自由回答，答案僅供參考：孫悟空變成牛魔王的模樣令我最印象深刻，因為他的做法很聰明。）
- 老師以冥想形式為課堂總結：
- 現在，請你合上美麗的雙眼。今天我們以新形式學習〈孫悟空尋仙訪道〉的第一至第五段，你可能是扮演某些角色，或是單單在座位上回答問題和留心聽講。你看到孫悟空的行為有沒有與自己相似的？哪些值得你學習的？你對於孫悟空接下來的旅程有沒有一點期待？無論如何，我們都送上一個欣賞和感謝給自己，因為今天我們給予自己一個寶貴機會去學習和成長。當你給予了自己一個大大的讚美，準備好後，就可以睜開你的眼睛。
- 老師派發「偵探帽」貼紙，讓學生貼在我的藏寶圖工作紙上。

工作紙：我的藏寶圖

姓名：＿＿＿＿＿＿（　　）班別：＿＿＿＿＿＿

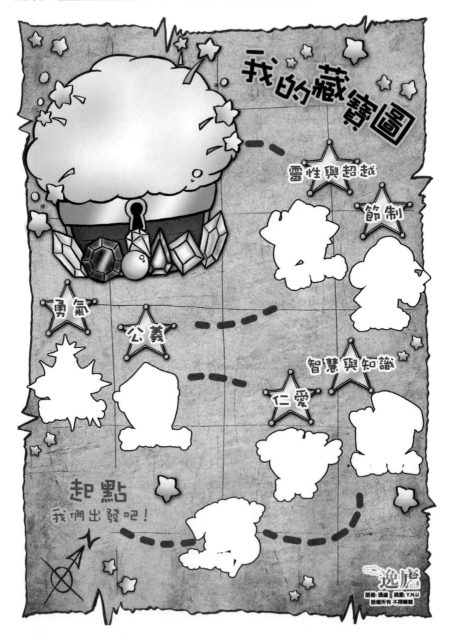

（2）課堂二 教學設計：孫悟空成長之旅 —— 啟蒙與回歸

學習重點

- 理解課文第六至第十段內容要點
- 在理解的基礎上，推斷課文以外的內容和見解
- 評價內容和人物的性格、行為
- 運用聯想和想像，產生新的意念
- 因應情境和對象確定説話內容
- 演繹故事中的對話，表達人物的心情
- 有自信地發言，敢於説出自己的意見
- 運用適當的語氣説話
- 理解錄音資訊的主要訊息
- 仔細聆聽，認真思考
- 共通能力：培養創意、協作、解難及評鑑能力

教學步驟

一、重温

- 提問課文第一至第五段的主要內容：
  - 孫悟空嘗試用哪些方法取得芭蕉扇？（他曾變成小飛蟲，飛到鐵扇公主要喝的茶裏；他曾變成牛魔王的模樣與公主喝酒談天，哄騙公主把芭蕉扇借給他。）

> **構思和備註**
> 透過提問幫助學生建構故事背景。

- 老師指出：我們再次運用昨天的錦囊 —— 「偵探帽」（老師展示或戴上「偵探帽」）。在閱讀時，我們可帶着好奇與開放，發現不同的可能。

二、閱讀故事

- 此部分以聆聽錄音的方式／學生朗讀的方式完成，每播放／朗讀一個段落，便進行該段落的活動。
- 老師讓學生選擇合上眼睛聆聽，或一邊閱讀文本一邊聆聽。

三、認識孫悟空

段落六至段落七：

- 老師熱情地帶動同學進行活動，邀請數位同學分別扮演孫悟空和牛魔王，請他們代入角色。老師提問及同學扮演活動舉隅：

提問對象	提問內容	扮演活動
悟空	為甚麼你扛着大扇子往前走？ （因為我不知道把扇子變小的口訣，只懂得把扇子變大。）	讓悟空扛着扇子緩慢往前走
牛魔王	你看見悟空後，打算怎樣做？ （我打算變成豬八戒，假裝幫悟空扛芭蕉扇，把扇子騙回去。）	讓牛魔王演出自己的想法
悟空	當你發現牛魔王裝成豬八戒，你上了當，你有甚麼感受？你有甚麼舉動？ （我感到憤怒，便揮動鐵棒，向牛魔王劈頭就打。）	讓悟空及牛魔王裝出打得難分難解的樣子
同學	唐三藏知道悟空和牛魔王打得難分難解，他有甚麼感受？他有甚麼決定？ （唐三藏感到擔心，便命豬八戒去助悟空一臂之力。）	讓牛魔王演出自己的想法及表達自己的感受
同學	接下來，還有誰加入這場打鬥？ （豬八戒。）	讓悟空、豬八戒、牛魔王扮演打鬥戰況及結果
同學	這次打鬥暫時結果如何？ （牛魔王招架不住，逃往摩雲洞。）	

構思和備註

運用沙維雅雕塑技術，進行角色扮演，並以生動和戲劇化的方式呈現對話、非語言溝通的空間距離、姿勢與表情。

在老師的引導下，學生學習表達想法和感受，訓練理解和表達能力。

透過角色扮演，讓學生集思廣益，培養學生的協作能力及解難能力。

- 引導過程中，老師可按學生程度解釋詞義。
- 提問過程中，老師可邀請班上其他學生參與回答問題或補充答案，然後讓扮演的學生演出答案。

段落八至段落十：

- 老師邀請數位同學分別扮演孫悟空、豬八戒、牛魔王、神仙，請他們代入角色。老師提問及同學扮演活動舉隅：

提問 對象	提問內容	扮演活動
悟空 八戒	你們看見牛魔王逃去，你們做了甚麼？（我們緊追着他不放。）	讓悟空和豬八戒緊追着牛魔王
牛魔王	你被他們緊追着不放，有甚麼打算？（我會變成一隻白鶴，展翅飛去。）	讓牛魔王扮演白鶴展翅飛去
悟空	你看見牛魔王變成白鶴，你打算怎樣做？（我會變成一隻丹鳳追過去。）	讓悟空扮演丹鳳追過去
牛魔王	你看見悟空追過來，你打算怎樣做？（我只好飛下山崖，變成獅子。）	讓牛魔王扮演飛下山崖，變成獅子
悟空	你看見牛魔王變成獅子，你打算怎樣做？（我會變成巨象，用鼻子捲着獅子。）	讓悟空扮演變成巨象，用鼻子捲着獅子
牛魔王	你被悟空用鼻子捲着，你打算怎樣做？（我決定變回大白牛，用八千多丈高的牛角直刺向悟空。）	讓牛魔王扮演用八千多丈高的牛角直刺向悟空
悟空	牛魔王用牛角直刺向你，你打算怎樣做？（我會拿出大鐵棒，朝牛魔王打去。）	讓悟空扮演拿出大鐵棒，朝牛魔王打去
神仙	你們知道悟空和牛魔王在鬥法，你們有甚麼感受？你們打算怎樣做？（我們感到緊張，打算去幫助悟空，包圍牛魔王。）	讓神仙表達自己的感受，並演出自己的想法
悟空	在這情況下，你用甚麼方法取得芭蕉扇？（我要鐵扇公主交出芭蕉扇，否則便將牛魔王變成一頭牛。）	讓悟空以適當的語氣說出想法
同學	悟空取得芭蕉扇後有甚麼感受？他接下來怎樣做？（他感到興奮，接下來便到火焰山用力扇了幾下。）	讓悟空用力扇幾下
同學	烈火熄滅，天降大雨，村民笑逐顏開，悟空有甚麼感受？（欣慰、開心）	讓悟空以適當的語氣表達感受
悟空	用完芭蕉扇後，你怎樣處理？（我把芭蕉扇還給鐵扇公主。）	讓悟空將芭蕉扇還給鐵扇公主
同學	悟空把芭蕉扇還給鐵扇公主，鐵扇公主有甚麼感受？為甚麼？（驚訝，因為她沒想過悟空用完扇後會還給她。）	讓悟空以適當的語氣表達感受和想法

- 引導過程中，老師可按學生程度解釋詞義。
- 提問過程中，老師可邀請班上其他學生參與回答問題或補充答案，然後讓扮演的學生演出答案。

四、總結

- 老師提問：
  - 你認為孫悟空有甚麼性格特質？為甚麼？（學生自由回答，答案僅供參考：我認為他很堅毅，因為他第三次借芭蕉扇才取得成功，但過程之中他沒有放棄。）
  - 你最欣賞孫悟空哪些性格？（學生自由回答，答案僅供參考：我最欣賞孫悟空的勇敢。）
- 老師展示天氣報告海報，介紹其中的內容，請學生代入孫悟空的角色，分享孫悟空的天氣報告：
  - 欣賞、感激或興奮：「我感謝……」、「我對於……感到興奮」
  - 擔憂、關心或困惑：「對於……我感到擔憂」
  - 抱怨和提議：「我不喜歡……，同時我提議改變成……」
  - 新資訊：「我有新的宣佈……」
  - 希望和願望：「我希望……」

五、延伸學習

- 老師派發孫悟空的天氣報告工作紙，讓學生代入孫悟空的角色，列寫屬於他的天氣報告。
- 下一教節抽選學生分享。

工作紙：孫悟空的天氣報告

姓名：＿＿＿＿＿＿＿（　）　班別：＿＿＿＿＿＿＿

天氣報告五步曲	
5. 欣賞、感激或興奮	「我要感謝……」或 「我對於……感到興奮」
6. 擔憂、關心或困惑	「對於……我感到擔憂」
7. 抱怨和提議	「我不喜歡……，同時我提議 改變成……」
8. 新資訊	「我有新的宣佈：……」
9. 希望和願望	「我希望……」

按照課文及上述五個步驟，代入孫悟空，列寫屬於他的天氣報告：

我欣賞 ＿＿＿＿＿＿＿＿＿＿＿＿＿＿＿＿＿＿＿

＿＿＿＿＿＿＿＿＿＿＿＿＿＿＿＿＿＿＿＿＿。

對於 ＿＿＿＿＿＿＿＿＿＿＿＿＿＿＿＿＿＿＿＿

＿＿＿＿＿＿＿＿＿＿＿＿＿＿＿＿，我感到擔憂。

我不喜歡 ＿＿＿＿＿＿＿＿＿＿＿＿＿＿＿＿＿，

同時我提議 ＿＿＿＿＿＿＿＿＿＿＿＿＿＿＿＿

＿＿＿＿＿＿＿＿＿＿＿＿＿＿＿＿＿＿＿＿＿。

我有新宣佈：＿＿＿＿＿＿＿＿＿＿＿＿＿＿＿＿。

我希望 ＿＿＿＿＿＿＿＿＿＿＿＿＿＿＿＿＿＿＿。

參考答案

姓名：＿＿＿＿＿＿（ ） 班別：＿＿＿＿＿＿

天氣報告五步曲	
1. 欣賞、感激或興奮	「我要感謝……」或 「我對於……感到興奮」
2. 擔憂、關心或困惑	「對於……我感到擔憂」
3. 抱怨和提議	「我不喜歡……， 同時我提議改變成……」
4. 新資訊	「我有新的宣佈：……」
5. 希望和願望	「我希望……」

按照課文及上述五個步驟，代入孫悟空，列寫屬於他的天氣報告：

我欣賞 _自己用盡方法向鐵扇公主借芭蕉扇_ 。

對於 _牛魔王和鐵扇公主會否報仇_ ，我感到擔憂。

我不喜歡 _鐵扇公主曾經將假扇借給我_ ，
同時我提議 _自己不要耿耿於懷，並原諒鐵扇公主_ 。

我有新宣佈： _鐵扇公主終於交出芭蕉扇_ 。

我希望 _接下來取經的過程可以更加順利_ 。

（3）課堂三教學設計：與孫悟空尋寶 —— 智慧與知識、仁愛

學習重點

- 選擇能突出重點的素材
- 調整內容、增刪材料
- 評價內容、人物的性格和行為
- 運用聯想和想像，產生新的意念
- 按寫作需要確定寫作內容
- 有自信地發言，敢於說出自己的意見
- 仔細聆聽，認真思考
- 因應不同的寫作要求，採取適當的寫作方法：運用聯想、想像
- 培養智慧與知識、仁愛的美德
- 共通能力：培養創意、協作、解難及評鑑能力

教學步驟

一、重溫

- 提問〈孫悟空三借芭蕉扇〉故事的主要內容：
  - 故事提及哪些人物？（唐三藏、孫悟空、豬八戒、牛魔王、鐵扇公主、神仙、村民。）
  - 悟空最後怎樣取得芭蕉扇？（他最後追着牛魔王不放，跟他鬥法，又得到眾神仙幫忙。）
- 檢視延伸學習成果：
  - 老師抽選學生分享孫悟空的天氣報告。
  - 學生分享後，老師回饋。

二、引起動機

- 老師邀請學生從自尊錦囊抽出兩個法寶。
- 老師指出：兩個法寶分別是「智慧寶盒」和「真心」（老師展示「智慧寶盒」和「真心」）。
- 老師再次拿出「偵探帽」，指出今天我們繼續戴上「偵探帽」，做一名偵探，帶着好奇心，尋找孫悟空的寶藏，分別是「智慧與知識」和「仁愛」。

三、美德說明會：智慧與知識、仁愛

- 老師講解「智慧與知識」及「仁愛」：
  - 擁有「智慧與知識」的人對很多事情感到好奇和有興趣，喜愛學習新事物。他會從多角

構思和備註

運用沙維雅自尊錦囊 ——「智慧寶盒」，鼓勵同學連接自己內在的智慧與知識。

運用沙維雅自尊錦囊 ——「真心」，鼓勵同學發揮愛、關懷和體恤的本能。

度思考事物，發揮創新思維，比其他人有更不一樣的看法。

- 擁有「仁愛」的人喜歡親近人羣，重視和他人的關係。他對人仁慈和寬宏大量，因應不同的場合，會展現合宜的舉止。

參考資料：

美德	性格特質	描述
智慧與知識	對世界的好奇和興趣	對很多事情感到好奇和有興趣，喜歡探索和發掘新事物。
	洞察力及智慧	與身邊的朋友相比，自己對事物有嶄新且睿智的觀點，思考方式跟別人不同。
	判斷力	從多角度思考事物，做決定時會檢視各個面向。
	喜愛學習	喜愛學習新事物、知識和技巧。
	創造力、靈巧性和獨創性	發揮創新思維，用新奇的方式去做事。
仁愛	社交智慧	因應不同場合，展現合宜的舉止。
	愛	親近人羣，愛其所愛，喜歡與人分享，重視和他人的關係。
	仁慈和寬宏	對人仁慈和寬宏大量，享受為別人做事，做對他人有益的事。

四、與孫悟空尋寶：冰山全接觸

- 活動說明：
  二人一組，分別找出孫悟空擁有「智慧與知識」、「仁愛」的課文情節。
- 老師可按學生程度來提問引導，提問舉隅：

  智慧與知識
  - 悟空想出哪些方法借芭蕉扇？
  - 悟空跟牛魔王鬥法時，他怎樣做？

  仁愛
  - 為甚麼悟空要三借芭蕉扇？
  - 悟空最後怎樣對待鐵扇公主？他怎樣處置芭蕉扇？

- 老師分別選取孫悟空擁有「智慧與知識」及「仁愛」的片段，邀請六位同學扮演冰山各層，代入孫悟空的角色，猜猜他的冰山各層，包括「行為」、「感受」、「觀點」、「期待」、「渴望」和「自己：我是」。

參考答案：

美德	性格特質	描述
智慧與知識	對世界的好奇和興趣	/
	洞察力及智慧	悟空運用不同方法嘗試取得芭蕉扇。
	判斷力	
	創造力、靈巧性和獨創性	悟空跟牛魔王鬥法時，針對牛魔王的變法而變成不同的動物，緊追着牛魔王不放。
	喜愛學習	/
仁愛	社交智慧	/
	愛	悟空看見村民生活苦不堪言，也知道團隊因火焰山阻礙而未能繼續西行，便向鐵扇公主借芭蕉扇。
	仁慈和寬宏	悟空沒有因鐵扇公主不肯借芭蕉扇而記仇，他用完芭蕉扇後便還給公主，繼續西行。

五、美德大考驗：智慧與知識、仁愛

● 老師展示沙維雅信念金句，讓學生一起朗讀：

- 智慧與知識：「問題」不是問題，如何「應對問題」才是問題。

- 仁愛：人們因「相同」而聯結，因「相異」而成長。

● 老師解說：每個人都有智慧，我相信你也有。你可以打開你手上的「智慧寶盒」，然後讓你的智慧出來，你也可以創造自己的智慧，運用不同方法應對問題。此外，我們跟別人有很多相同和不同之處。與人相處，我們要拿出「真心」，多向人表達愛、關懷、欣賞和寬宏。同時，可以留意別人也擁有他們的智慧。這樣，你跟其他人一起學習是一個多麼美好的畫面。

六、老師總結

● 老師派發「智慧寶盒」及「真心」貼紙，讓學生貼在我的藏寶圖工作紙上。

● 老師派發美德藏寶圖工作紙（一）及（二），讓同學完成孫悟空和自己的冰山。

工作紙：美德藏寶圖（一）智慧與知識

智慧與知識

姓名：＿＿＿＿＿＿（　）　班別：＿＿＿＿＿＿

性格特質	思考問題
○ 對世界的好奇和興趣	你對哪些事情感到好奇和有興趣？
○ 洞察力及智慧	與朋友相比，你對哪些事情有新穎的看法？
○ 判斷力	你做甚麼事情時，會從多角度思考，才作決定？
○ 喜愛學習	你喜愛學習哪些新事物、知識或技巧？
○ 創造力‧靈巧性和獨創性	你如何運用新奇的方式去做事？

內容	孫悟空的冰山	我的冰山
行為	我拿着從鐵扇公主手中取得的芭蕉扇。	
感受	我感到…… □ 開心　□ 得意　□ 雀躍 □ 生氣　□ 不屑　□ 不耐煩	我感到
觀點	我認為…… □ 芭蕉扇很重要。 □ 芭蕉扇可以熄滅烈火，令村民生活得以改善。	我認為
期待	我希望…… □ 能讓村民生活得以改善。 □ 唐三藏稱讚我。 □ 成功取得芭蕉扇。 □ 鐵扇公主向我道歉	自己 ↗ 我希望 ↘ 他 / 她
渴望	其實，我心底裏需要…… □ 被愛　□ 被肯定　□ 被重視	其實，我心底裏需要……
自己： 我是	我是擁有智慧和知識的。	

參考答案

智慧與知識

姓名：＿＿＿＿＿＿（　）　班別：＿＿＿＿＿＿

性格特質	思考問題
○ 對世界的好奇和興趣	你對哪些事情感到好奇和有興趣？
○ 洞察力及智慧	與朋友相比，你對哪些事情有新穎的看法？
○ 判斷力	你做甚麼事情時，會從多角度思考，才作決定？
○ 喜愛學習	你喜愛學習哪些新事物、知識或技巧？
○ 創造力、靈巧性和獨創性	你如何運用新奇的方式去做事？

內容	孫悟空的冰山	我的冰山
行為	我拿着從鐵扇公主手中取得的芭蕉扇。	我嘗試運用不同的方法幫同學解決問題。
感受	我感到…… ☑ 開心　☑ 得意　☑ 雀躍 ☐ 生氣　☐ 不屑　☐ 不耐煩	我感到 開心、興奮和滿足。
觀點	我認為…… ☑ 芭蕉扇很重要。 ☑ 芭蕉扇可以熄滅烈火，令村民生活得以改善。	我認為 解決問題的方式不止一種。 我認為 解決問題後會有好結果。
期待	我希望…… ☑ 能讓村民生活得以改善。 ☑ 唐三藏稱讚我。 ☑ 成功取得芭蕉扇。 ☐ 鐵扇公主向我道歉	自己 多嘗試，並不怕失敗。 ↗ 我希望 ↘ 他／她 不再因問題而苦惱。
渴望	其實，我心底裏需要…… ☑ 被愛　☑ 被肯定　☑ 被重視	其實，我心底裏需要…… 生命有意義、成功感。
自己： 我是	我是擁有智慧和知識的。	

工作紙：美德藏寶圖（二）仁愛

仁愛

姓名：＿＿＿＿＿＿（　）班別：＿＿＿＿＿＿

性格特質	思考問題
○ 社交智慧	你會在哪些場合，展現合宜的舉止？
○ 愛	你喜歡親近哪些人羣？你喜歡與哪些人分享？你重視和哪些人的關係？
○ 仁慈和寬宏	你對哪些人仁慈和寬宏大量？你享受為哪些人做事？你對哪些人做有益的事？

內容	孫悟空的冰山	我的冰山
行為	我看見村民生活得苦不堪言，決定向鐵扇公主借扇。	
感受	我感到…… ☐ 開心　☐ 嫉妒　☐ 驚嚇 ☐ 有希望　☐ 憤怒　☐ 傷心	我感到
觀點	我認為…… ☐ 村民未想出令烈火熄滅的方法。 ☐ 芭蕉扇可令烈火熄滅。	我認為
期待	我希望自己＿＿＿＿＿＿＿＿ 我希望鐵扇公主＿＿＿＿＿＿ 師父希望我＿＿＿＿＿＿＿＿	自己 ↗ 我希望 ↘ 他／她
渴望	其實，我心底裏需要…… ☐ 生命意義　　☐ 愛	其實，我心底裏需要……
自己： 我是	我是一個仁愛的人。	

90

參考答案

仁愛

姓名：＿＿＿＿＿＿（　）　班別：＿＿＿＿＿＿

性格特質	思考問題
○ 社交智慧	你會在哪些場合，展現合宜的舉止？
○ 愛	你喜歡親近哪些人羣？你喜歡與哪些人分享？你重視和哪些人的關係？
○ 仁慈和寬宏	你對哪些人仁慈和寬宏大量？你享受為哪些人做事？你對哪些人做有益的事？

內容	孫悟空的冰山	我的冰山
行為	我看見村民生活得苦不堪言，決定向鐵扇公主借扇。	我讓座給有需要的人。
感受	我感到…… ☐ 開心　☐ 嫉妒　☑ 驚嚇 ☑ 有希望　☐ 憤怒　☑ 傷心	我感到 快樂、欣慰和滿足。
觀點	我認為…… ☑ 村民未想出令烈火熄滅的方法。 ☑ 芭蕉扇可令烈火熄滅。	我認為 人與人之間應該互相幫助。 我認為 助人為快樂之本。
期待	我希望自己 可以想辦法熄滅火焰山的烈火。 我希望鐵扇公主 把扇借給我。 師父希望我 我向鐵扇公主取得芭蕉扇。	自己　儘量幫助有需要的人。 ↗ 我希望 ↘ 他／她　在得到幫助後會比較舒適。
渴望	其實，我心底裏需要…… ☑ 生命意義　　☑ 愛	其實，我心底裏需要…… 愛、連結
自己： 我是	我是一個仁愛的人。	

(4) 課堂四 教學設計：與孫悟空尋寶 —— 勇氣、公義

學習重點

- 選擇能突出重點的素材
- 調整內容、增刪材料
- 評價內容、人物的性格和行為
- 運用聯想和想像，產生新的意念
- 按寫作需要確定寫作內容
- 有自信地發言，敢於說出自己的意見
- 仔細聆聽，認真思考
- 因應不同的寫作要求，採取適當的寫作方法：運用聯想、想像
- 培養勇氣、公義的美德
- 共通能力：培養創意、協作、解難及評鑑能力

教學步驟

一、重溫

- 老師提問：
  - 我們學習了哪些美德？（智慧與知識、仁愛）
- 檢視延伸學習成果：
  - 老師抽選學生分享「智慧與知識」、「仁愛」的冰山。學生分享時，可分別拿着「智慧寶盒」和「真心」兩個法寶。
  - 學生分享後，老師回饋。
  - 老師鼓勵學生多打開「智慧寶盒」，留意及運用自己已擁有的智慧，並隨時可以添加。同時，老師鼓勵學生多運用「真心」，在適當時候及場合向別人表達愛與關懷。

二、引起動機

- 老師邀請學生從自尊錦囊抽出兩個法寶。
- 老師指出：兩個法寶分別是「勇氣權杖」和「意願盾牌」（老師展示「勇氣權杖」和「意願盾牌」）。

三、美德說明會：勇氣、公義

- 老師講解「勇氣」及「公義」：
  - 擁有「勇氣」的人做事不會因困難或痛苦而畏縮，會懷着興奮的心情行動，並堅持到底。而且，會有勇氣說實話，以行為表達真實的自己。

> **構思和備註**
>
> 運用沙維雅自尊錦囊 —— 「勇氣權杖」，鼓勵同學克服恐懼，勇往直前。
>
> 運用沙維雅自尊錦囊 —— 「意願盾牌」，鼓勵同學的說話反映出內心真正的意願。

- 擁有「公義」的人會在團隊中和其他人維持友好關係，為團體的成功而努力，對所有人給予平等的機會。

參考資料：

美德	性格特質	描述
勇氣	誠實、真摯和真誠	説實話，真誠表現自己，不虛偽，是個「真心」的人。
	興致、熱情和幹勁	做事懷着興奮的心情和幹勁，不會半途而廢，也不會覺得沒勁，因為對於自己而言，生命是一場歷險。
	勇敢和勇氣	無所畏懼，不會因威脅、挑戰、困難或痛苦而畏縮，根據自己的信念堅決地行動。
	勤奮、用功和堅毅	不畏艱難、貫徹始終，完成已開始的事情。
公義	不偏不倚、公平和公正	公平友善地待人處世，給予每個人平等的機會。
	公民感、團隊精神和忠心	作為團隊的一份子，表現突出。個人是一個效忠和致力於團隊的隊員，經常完成自己的分內事，並為團隊的成功而努力。
	領導才能	維持團隊和諧，在團隊中挺身而出，激發士氣，並與團隊成員維持友好關係。

四、與孫悟空尋寶：冰山全接觸

- 活動説明：
  二人一組，分別找出孫悟空有「勇氣」、「公義」的課文情節。
- 老師可按學生程度來提問引導，提問舉隅：

  勇氣

  - 從哪些片段可見悟空懷着積極的心情邁向自己的目標？
  - 從哪些片段可見悟空勤奮的一面？

  公義

  - 從哪些線索可以推想悟空與團隊中其他人關係友好？
  - 從哪些線索可以推想悟空效忠和致力於團隊？

- 老師分別選取孫悟空「勇氣」及「公義」的片段，邀請六位同學扮演冰山各層，代入孫悟空的角色，猜猜他的冰山各層，包括「行為」、「感受」、「觀點」、「期待」、「渴望」和「自己：我是」。

參考答案：

美德	性格特質	課文情節
勇氣	誠實、真摯和真誠	悟空不會因挑戰或困難而畏縮，無論是借芭蕉扇或跟牛魔王鬥法，他也沒有放棄。他努力想出不同方法完成已開始的事情。
	興致、熱情和幹勁	
	勇敢和勇氣	
	勤奮、用功和堅毅	
公義	不偏不倚、公平和公正	悟空作為團隊的一份子，表現突出。他是一個效忠和致力於團隊的隊員，經常完成自己的份內事，並為團隊而努力，不會逃避。他把扇還給公主後，繼續跟唐三藏及團隊趕路往西天取經。
	公民感、團隊精神和忠心	
	領導才能	

五、美德大考驗：勇氣、公義

- 老師展示沙維雅信念金句，讓學生一起朗讀：
  - 勇氣：「改變」是有可能的；即使外在的改變有限，內在的改變仍是可能的。
  - 公義：健康的人際關係建立在「平等的價值」之上。
- 老師解說：當我們面對困難、挑戰、威脅和痛苦時，我們會感到脆弱、恐懼和無助。我們無法改變外在的環境，但我們可以選擇拿出「勇氣權杖」，陪伴自己的恐懼試試踏出一步；我們每個人都有「平等的價值」，在生活中要公平友善地對待別人。我們都有權利拿出「意願盾牌」，表達自己內心的意願。

六、老師總結

- 老師派發「勇氣權杖」及「意願盾牌」貼紙，讓學生貼在我的藏寶圖工作紙上。
- 老師派發美德藏寶圖工作紙（三）及（四），讓同學完成孫悟空和自己的冰山。

工作紙：美德藏寶圖（三）勇氣

勇氣

姓名：＿＿＿＿＿＿（　）　班別：＿＿＿＿＿＿

性格特質	思考問題
○ 誠實、真摯和真誠	你如何真誠表現自己？
○ 興致、熱情和幹勁	你做哪些事會懷着興奮的心情和幹勁，不會半途而廢，也不會覺得沒勁？對於哪些事情你願意嘗試歷險？
○ 勇敢和勇氣	在甚麼情況下，你不會因威脅、挑戰、困難或痛苦而畏縮？
○ 勤奮、用功和堅毅	對於哪些事情，你會不怕艱難、貫徹始終地完成？

內容	孫悟空的冰山	我的冰山
行為	我堅持想出不同方法跟牛魔王對抗。	
感受	我感到…… □ 傷心　□ 可惜　□ 自豪 □ 驚嚇　□ 滿足　□ 開心	我感到
觀點	我認為…… □ 自己有機會戰勝牛魔王。 □ 戰勝牛魔王可取得芭蕉扇。	我認為
期待	我希望自己＿＿＿＿＿＿＿＿ ＿＿＿＿＿＿＿＿＿＿＿＿ ＿＿＿＿＿＿＿＿＿＿＿＿ 我希望牛魔王＿＿＿＿＿＿ ＿＿＿＿＿＿＿＿＿＿＿＿	自己 ↗ 我希望 ↘ 他／她
渴望	其實，我心底裏需要…… □ 被肯定　　□ 愛	其實，我心底裏需要……
自己：我是	我是一個有勇氣的人。	

參考答案

勇氣

姓名：_____（　）班別：_____

性格特質	思考問題
○ 誠實、真摯和真誠	你如何真誠表現自己？
○ 興致、熱情和幹勁	你做哪些事會懷着興奮的心情和幹勁，不會半途而廢，也不會覺得沒勁？對於哪些事情你願意嘗試歷險？
○ 勇敢和勇氣	在甚麼情況下，你不會因威脅、挑戰、困難或痛苦而畏縮？
○ 勤奮、用功和堅毅	對於哪些事情，你會不怕艱難、貫徹始終地完成？

內容	孫悟空的冰山	我的冰山
行為	我堅持想出不同方法跟牛魔王對抗。	我舉手回答老師問題。
感受	我感到…… □ 傷心　　□ 可惜　　☑ 自豪 □ 驚嚇　　☑ 滿足　　☑ 開心	我感到 放心、好奇和期待。
觀點	我認為…… ☑ 自己有機會戰勝牛魔王。 ☑ 戰勝牛魔王可取得芭蕉扇。	我認為 即使我答錯了，老師也不會怪責我。 我認為老師的回應很重要。
期待	我希望自己鼓起勇氣，勇敢<u>與牛魔王戰鬥。</u> 我希望牛魔王會暴露弱點，<u>讓我容易戰勝他。</u>	自己　可以答對問題。 ↗ 我希望 ↘ 　他／她　接納我可能答錯。
渴望	其實，我心底裏需要…… ☑ 被肯定　　　　☑ 愛	其實，我心底裏需要…… 安全感、接納、肯定
自己： 我是	我是一個有勇氣的人。	

96

工作紙:美德藏寶圖(四)公義

公義

姓名:＿＿＿＿＿＿( ) 班別:＿＿＿＿＿＿

性格特質	思考問題
○ 不偏不倚、公平和公正	你在哪些時候給予每個人有平等機會?
○ 公民感、團隊精神和忠心	你參加哪些團隊?你為團隊貢獻了甚麼?
○ 領導才能	你在哪些團體中與成員維持友好關係?

內容	孫悟空的冰山	我的冰山
行為	我為團隊取西經而努力,不斷掃除路上的阻礙。	
感受	我感到⋯⋯ □ 可惜　□ 自豪　□ 傷心 □ 滿足　□ 驚嚇　□ 開心	我感到
觀點	我認為⋯⋯ □ 幫助團隊掃除障礙是我的責任。 □ 只有我才能為團隊作出貢獻。	我認為
期待	我希望自己＿＿＿＿＿＿＿ ＿＿＿＿＿＿＿＿＿＿＿ 我希望唐三藏＿＿＿＿＿ ＿＿＿＿＿＿＿＿＿＿＿	自己 ↗ 我希望 ↘ 他們/她們
渴望	其實,我心底裏需要⋯⋯ □ 被肯定　　□ 有價值	其實,我心底裏需要⋯⋯
自己: 我是	我是一個公義的人。	

97

參考答案

公義

姓名：＿＿＿＿＿＿＿（　）班別：＿＿＿＿＿＿＿

性格特質	思考問題
○ 不偏不倚、公平和公正	你在哪些時候給予每個人有平等機會？
○ 公民感、團隊精神和忠心	你參加哪些團隊？你為團隊貢獻了甚麼？
○ 領導才能	你在哪些團體中與成員維持友好關係？

內容	孫悟空的冰山	我的冰山
行為	我為團隊取西經而努力，不斷掃除路上的阻礙。	我將糖果公平地分給弟妹。
感受	我感到…… ☐ 可惜　☑ 自豪　☐ 傷心 ☑ 滿足　☐ 驚嚇　☑ 開心	我感到 滿足和高興。
觀點	我認為…… ☑ 幫助團隊掃除障礙是我的責任。 ☐ 只有我才能為團隊作出貢獻。	我認為 每個人都是平等的，也值得被公平對待。
期待	我希望自己 可以在團隊中貢獻自己的長處。 我希望唐三藏 欣賞我為團隊付出。	自己 與他們和諧相處。 ↗ 我希望 他們／她們 不會因為糖果而發生爭執。
渴望	其實，我心底裏需要…… ☑ 被肯定　　☑ 有價值	其實，我心底裏需要…… 愛、連結
自己：我是	我是一個公義的人。	

98

（5）課堂五 教學設計：與孫悟空尋寶 ── 節制、靈性及超越

學習重點

- 選擇能突出重點的素材
- 調整內容、增刪材料
- 評價內容、人物的性格和行為
- 運用聯想和想像，產生新的意念
- 按寫作需要確定寫作內容
- 有自信地發言，敢於說出自己的意見
- 仔細聆聽，認真思考
- 因應不同的寫作要求，採取適當的寫作方法：運用聯想、想像
- 培養節制、靈性及超越的美德
- 共通能力：培養創意、協作、解難及評鑑能力

教學步驟

一、重溫

- 我們之前提及哪些美德？（智慧與知識、仁愛、勇氣、公義）
- 檢視延伸學習成果：
  - 老師抽選學生分享「勇氣」、「公義」的冰山。學生分享時，可分別拿着「勇氣權杖」和「意願盾牌」兩個法寶。
  - 學生分享後，老師提供回饋。
  - 老師指出面對改變，要等待恐懼消失才開始行動恐怕永遠也難以前行，鼓勵學生多運用「勇氣權杖」，鼓起勇氣嘗試冒險；同時，我們每個人也是平等的，可以多運用「意願盾牌」，誠實表達自己喜歡或不喜歡的事物。

二、引起動機

- 老師邀請學生從自尊錦囊抽出兩個法寶。
- 老師指出：兩個法寶分別是「金鎖匙」和「願望棒」（老師展示「金鎖匙」和「願望棒」）。

三、美德說明會：勇氣、公義

- 老師講解「節制」及「靈性及超越」：
  - 擁有「節制」的人會適當管理自己的情緒、行為和舉止，做選擇時會小心行事。當別人犯錯時會原諒他人，不會搶他人風采。

> **構思和備註**
>
> 運用沙維雅自尊錦囊──「金鎖匙」，鼓勵同學打開無限可能之門。
>
> 運用沙維雅自尊錦囊──「願望棒」，鼓勵同學接觸自己的需要、期望或夢想。

– 擁有「靈性及超越」的人會心存感激，常向人表達謝意，並會看事情輕鬆的一面。他會發掘生活中的美麗，有着清楚的人生目標，並努力追求心願。

參考資料：

美德	性格特質	描述
節制	小心、謹慎、審慎	做選擇時小心、審慎行事，不做那些令自己將來後悔的事。
	自我控制和自我規範	規範自己的感覺與行為，對自己的情緒有自制力，不會反被它們支配，適當管理自己的情緒、行為和舉止。
	寬恕和慈悲	原諒那些犯錯的人，常常給別人第二次機會。
	謙恭和謙遜	不認為自己很特別，不搶他人風采，也不把自己視為高人一等。
靈性及超越	感恩	對發生過的美好事物謹記在心，心存感激，常常表達謝意，或將這份感謝之情永留心中。
	對美麗和卓越的欣賞	珍視和欣賞生命中的美麗和卓越。
	靈修性、對目的的觀念和信念	對更高的人生目標和生活意義有強烈信念。
	希望、樂觀感和未來意識	對未來心存希望，並努力追求和達成心願，相信未來掌握在自己手中。
	幽默感和挑皮	為別人帶來歡笑，逗別人快樂，嘗試去看事情輕鬆的一面。

四、與孫悟空尋寶：冰山全接觸

- 活動説明：
  二人一組，分別找出孫悟空有「節制」、「靈性及超越」的課文情節。

- 老師可按學生程度來提問引導，提問舉隅：

  節制

  – 悟空如何小心、謹慎行事？

  – 悟空在哪些時候嘗試管理自己的情緒、行為或舉止？

  靈性及超越

  – 從哪些線索推想悟空對未來心存盼望？

- 老師分別選取孫悟空擁有「節制」及「靈性及超越」的片段，邀請六位同學扮演冰山各層，代入孫悟空的角色，猜猜他的冰山各層，包括「行為」、「感受」、「觀點」、「期待」、「渴望」和「自己：我是」。

參考答案：

美德	性格特質	課文情節
節制	小心、謹慎、審慎	悟空在考慮用甚麼方法借芭蕉扇及與牛魔王鬥法，都小心和謹慎行事。
	自我控制和自我規範	悟空雖然因被鐵扇公主欺騙而感到憤怒，但依然想出辦法 —— 變成牛魔王的模樣，哄騙鐵扇公主取得扇子。
	寬恕和慈悲	悟空沒有記住鐵扇公主的小氣和記仇，把芭蕉扇還給公主。
	謙恭和謙遜	
靈性及超越	感恩	
	對美麗和卓越的欣賞	
	靈修性、對目的的觀念和信念	
	希望、樂觀感和未來意識	悟空對西行取經深存盼望，努力達成自己心願，相信自己可以掃除西行取經的障礙。
	幽默感和挑皮	

五、美德大考驗：節制、靈性及超越

- 老師展示沙維雅信念金句，讓學生一起朗讀：

  - 節制：「感受」是屬於我們的；我們擁有它們，而且可以學習如何管理它們。

  - 靈性及超越：欣賞並接納「過去」，可以增加我們處理「現在」的能力。

- 老師解說：日常生活中，我們要適當控制自我情緒和行為，學習謹慎、小心行事。我們可以拿出「金鎖匙」開啟自己心扉、頭腦或其他資源，可能是信心、堅持等，幫助自我控制；我們可以拿着「願望棒」，想想自己的期望、願望、夢想，我們又可以想想如何善用過去的經驗和現在擁有的能力達到這些目標。

六、老師總結

- 老師派發「金鎖匙」及「願望棒」貼紙，讓學生貼在我的藏寶圖工作紙上。

- 老師派發美德藏寶圖工作紙（五）及（六），讓同學完成孫悟空和自己的冰山。

工作紙：美德藏寶圖（五）節制

節制

姓名：＿＿＿＿＿＿＿（　　）　班別：＿＿＿＿＿＿＿

性格特質	思考問題
○ 小心、謹慎、審慎	你在哪些時候會小心和審慎選擇？
○ 自我控制和自我規範	你如何適當管理自己的情緒、行為或舉止？
○ 寬恕和慈悲	你曾原諒哪些人？你曾給哪些人第二次機會？
○ 謙恭和謙遜	你在哪些事件上，沒有誇耀自己的成就？

內容	孫悟空的冰山	我的冰山
行為	我被鐵扇公主欺騙，然後變成牛魔王的模樣去找鐵扇公主。	
感受	我感到…… □ 憤怒　　□ 自豪　　□ 痛苦 □ 傷心　　□ 驚嚇　　□ 冷靜	我感到
觀點	我認為…… □ 鐵扇公主應該以大局為重，幫助村民。 □ 自己疏忽，所以被鐵扇公主騙了。	我認為
期待	我希望自己＿＿＿＿＿＿＿＿＿＿ 我希望鐵扇公主＿＿＿＿＿＿＿ ＿＿＿＿＿＿＿＿＿＿	自己 ↗ 我希望 ↘ 他們／她們
渴望	其實，我心底裏需要…… □ 有價值　□ 被重視　□ 愛	其實，我心底裏需要……
自己：我是	我是一個節制的人。	

參考答案

節制

姓名：＿＿＿＿＿＿（　）　班別：＿＿＿＿＿＿

性格特質	思考問題
○ 小心、謹慎、審慎	你在哪些時候會小心和審慎選擇？
○ 自我控制和自我規範	你如何適當管理自己的情緒、行為或舉止？
○ 寬恕和慈悲	你曾原諒哪些人？你曾給哪些人第二次機會？
○ 謙恭和謙遜	你在哪些事件上，沒有誇耀自己的成就？

內容	孫悟空的冰山	我的冰山
行為	我被鐵扇公主欺騙，然後變成牛魔王的模樣去找鐵扇公主。	我的朋友花費大量金錢購買文具時，我沒有買。
感受	我感到…… ☑ 憤怒　☐ 自豪　☐ 痛苦 ☐ 傷心　☑ 驚嚇　☐ 冷靜	我感到 知足和滿足。
觀點	我認為…… ☑ 鐵扇公主應該以大局為重，幫助村民。 ☑ 自己疏忽，所以被鐵扇公主騙了。	我認為 如果我還有可以用的文具，就不需要買新的。 我認為 父母賺錢不容易。 我認為 能夠掌控自己的行為是不容易的。
期待	我希望自己 能夠更加謹慎。＿＿＿＿＿＿＿＿＿＿＿＿＿ 我希望鐵扇公主 能借出芭蕉扇 幫助村民。	自己 可以繼續用原有的文具。 我希望 他 / 她 不要浪費金錢。
渴望	其實，我心底裏需要…… ☑ 有價值　☑ 被重視　☐ 愛	其實，我心底裏需要…… 被肯定、被認同
自己：我是	我是一個節制的人。	

工作紙：美德藏寶圖（六）靈性及超越

靈性及超越

姓名：＿＿＿＿＿＿（　）班別：＿＿＿＿＿＿

性格特質	思考問題
○ 感恩	你會為哪些事情感恩？你想向誰表達謝意？
○ 對美麗和卓越的欣賞	你珍惜或欣賞生命中哪些美麗的東西？
○ 靈修性、對目的的觀念和信念	你有甚麼人生目標？
○ 希望、樂觀感和未來意識	你對未來心存希望嗎？ 你相信未來掌握在自己手中嗎？ 你會努力追求和達成自己的心願嗎？
○ 幽默感和挑皮	你在哪些時候曾為別人帶來歡笑？ 你在哪些時候嘗試去看事情輕鬆的一面？

內容	孫悟空的冰山	我的冰山
行為	我對西行取經心存希望，並努力達成心願。	
感受	我感到…… □ 冷靜　□ 自信　□ 痛苦 □ 興奮　□ 驚嚇　□ 憤怒	我感到
觀點	我認為…… □ 未來充滿希望。 □ 未來是掌握在自己手中。	我認為
期待	我希望自己 ＿＿＿＿＿＿＿＿ ＿＿＿＿＿＿＿＿＿＿ 唐三藏希望我 ＿＿＿＿＿＿ ＿＿＿＿＿＿＿＿＿＿	自己 ↗ 我希望 他／她 ↘
渴望	其實，我心底裏需要…… □ 被肯定　□ 生命有意義	其實，我心底裏需要……
自己：我是	我是擁有靈性及超越的。	

參考答案

靈性及超越

姓名：＿＿＿＿＿＿（　）　班別：＿＿＿＿＿＿

性格特質	思考問題
○ 感恩	你會為哪些事情感恩？你想向誰表達謝意？
○ 對美麗和卓越的欣賞	你珍惜或欣賞生命中哪些美麗的東西？
○ 靈修性、對目的的觀念和信念	你有甚麼人生目標？
○ 希望、樂觀感和未來意識	你對未來心存希望嗎？ 你相信未來掌握在自己手中嗎？ 你會努力追求和達成自己的心願嗎？
○ 幽默感和挑皮	你在哪些時候曾為別人帶來歡笑？ 你在哪些時候嘗試去看事情輕鬆的一面？

內容	孫悟空的冰山	我的冰山
行為	我對西行取經心存希望，並努力達成心願。	我向老師表達感謝。
感受	我感到…… □ 冷靜　☑ 自信　□ 痛苦 ☑ 興奮　□ 驚嚇　□ 憤怒	我感到 幸福、幸運和敬佩。
觀點	我認為…… ☑ 未來充滿希望。 ☑ 未來是掌握在自己手中。	我認為 老師花時間和心思教我們，令我們獲益良多。 我認為 當老師不容易。
期待	我希望自己 努力掃除西行的障礙。 唐三藏希望我 堅持西行取經的心願。	自己 謹記老師教導。↗ 我希望 他／她會感受到我的謝意。↘
渴望	其實，我心底裏需要…… ☑ 被肯定　☑ 生命有意義	其實，我心底裏需要…… 愛、被愛
自己： 我是	我是擁有靈性及超越的。	

(6) 課堂六 教學設計：孫悟空面貌舞會＋與自己尋寶

學習重點

- 評價內容、人物的性格和行為
- 運用聯想和想像，產生新的意念
- 發掘和整合自己的內在資源，引發改變
- 共通能力：培養創意、協作、解難及評鑑能力

教學步驟

一、重溫

- 老師提問：
  - 我們認識了哪些美德？（智慧與知識、仁愛、勇氣、公義、節制、靈性及超越）
- 檢視延伸學習成果：
- 老師抽選學生分享「節制」、「靈性及超越」的冰山。學生分享時，可分別拿着「金鎖匙」和「願望棒」兩個法寶。
- 學生分享後，老師回饋。
- 老師鼓勵學生面對困境或感到迷惘時，多運用「金鎖匙」開啟自己的資源，發揮創意解決困惑；同時，鼓勵學生多拿出「願望棒」，找到自己的目標和願望，努力向前邁進，過一個有意義的人生。

二、引起動機

- 老師指出每個人都是一個寶箱，內裏有很多珍貴的寶物。今天我們嘗試一起打開自己的寶箱，看看自己擁有甚麼。

三、孫悟空面貌舞會

- 老師讓學生在孫悟空的寶藏工作紙填上孫悟空的特質。
- 活動說明：
  - 老師邀請學生扮演孫悟空以及他的個性部分，包括「勤力」、「熱情」、「頑皮」和「衝動」。
  - 孫悟空作為主角，站在中間，每次兩位同學按提示扮演：

> **構思和備註**
>
> 沙維雅相信，能夠肯定自己的強項及內心最大的期盼，是建立自尊感的基石。人們先要認識自己及接納自己，才能夠為自己去冒險，追求自己的夢想。[7]

7　Tougas, Kurek, M., & Labossiere, N. 著，容曾莘薇編 (2012)《歷程式活動100+：沙維雅成長模式活動教材（第五冊：自尊感‧自尊錦囊）》，香港：青草地全人發展中心，頁6。

- 「勤力」與「頑皮」扮演提示
  - 勤力：走到甚麼地方都不停做功課，逃避扮演「頑皮」的同學。被「頑皮」的同學騷擾時，不專心溫習。
  - 頑皮：蹦蹦跳跳，走來走去，騷擾扮演「勤力」的同學。
- 「熱情」與「衝動」扮演提示
  - 熱情：張開雙臂，走向扮演「衝動」的同學，以愛和友善對待他。
  - 衝動：橫衝直撞，撞到別人時，裝作打人的樣子。
- 老師提問：
  - 你認為哪些特質是好的？（勤力、熱情）
  - 你認為哪些特質是不好的？（頑皮、衝動）
- 個性中好的部分與不好的部分進行會面，各部分通過姿態、手勢、語言等進行互動。
  - 老師引導主角運用「我接受（特質），因為你（特質的正面意義），我為你改個別名，名叫（特質的正面名稱）」的句式表達，學習接納個性不同面貌。如「我接受頑皮，因為你可以帶來輕鬆，我為你改個別名，名叫活潑」、「我接受衝動，因為你可以帶來動力，我為你改個別名，名叫衝勁」。
- 舞會結束，各個部分邀請孫悟空接納，各個部分最終也成為孫悟空的寶藏。
- 老師提問扮演孫悟空的同學：
  - 你發覺自己有哪些部分？（勤力、熱情、活潑、衝勁）
  - 你發現自己有很多部分，你有甚麼感覺？（興奮、高興）
- 學生在我的藏寶圖工作紙（第一節課已派發）上的寶盒寫上自己的特質，寫得越多越好。
- 學生表達對自己及對他人的欣賞：
  - 句式：我欣賞自己……
  - 句式：我欣賞你……你很棒！
- 老師展示沙維雅信念金句，讓學生一起朗讀：
  - 我們要尋找自己的寶藏，然後去連結並肯定自己。
- 老師小結：我們的寶藏還包括我們的感受、強項、能力、興趣及夢想……我們每個人都有不同的特質，可以適當運用每項特質，鼓勵大家將所學運用到日常生活之中。

四、慶祝

- 老師引導學生分享和總結自己的成長和收穫，可以提問：
  - 經過這些課堂活動，我們獲得甚麼？我們擁有甚麼寶藏？
  - 最後用一句話為自己慶祝，你會說些甚麼？

- 老師指出我們都是神所創造/價值平等，我們都是獨一無二，與別人有着相同和不同的性格特質。我們可以熱愛獨特的自己、多欣賞自己，並發揮自己的潛能。

五、鞏固及總結
- 老師播放《我的自尊宣言（節錄）》影片。
- 老師以冥想形式總結：
- 你可以合上眼睛，讓自己放鬆。我們每一個人都擁有與生俱來的寶藏。現在你可以選擇：你希望成為怎樣的人？你會否多留意自己身上的寶藏？目前你能為自己做甚麼？往後，我們可以繼續發掘更多不同的寶藏，也有能力去強化和運用這些寶藏，達成自己訂立的目標。
- 老師派發與自己尋寶工作紙，讓學生完成。

六、學習評估
（1）課堂問答
（2）課堂活動
（3）課後工作紙

工作紙：孫悟空的寶藏

姓名：＿＿＿＿＿＿（　）　班別：＿＿＿＿＿＿

將孫悟空的寶藏寫在藏寶圖上：

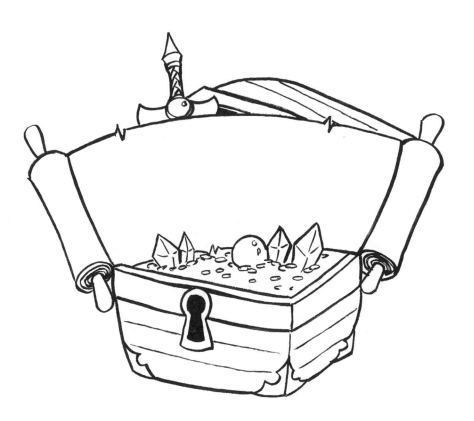

工作紙：與自己尋寶

姓名：＿＿＿＿＿＿＿（ ） 班別：＿＿＿＿＿＿

與孫悟空尋寶後，在以下方格用文字或圖畫記錄你的收穫：

我的經歷
最深刻 / 最難忘 / 最觸動
我的景象、人、物⋯⋯

我的感受
最深刻 / 最難忘 /
最觸動我的感受⋯⋯

我的未來
我的立志、計劃、行動⋯⋯

我的發現
我對自己的認識多了⋯⋯

七

教材篇：
〈孫悟空尋仙訪道〉
教學設計及工作紙

1. 課文

1. 石猴以超強的本領帶領羣猴覓得福地，被拜為「美猴王」。[1] 他分派不同職位給羣猴，獨自為王兩百年。[2] 有一天，他在喜宴時落淚。[3] 羣猴說：「大王有甚麼煩惱？」猴王說：「寡人今日十分歡喜，但想到將來老了被閻羅王抓去，不知怎麼辦？」一猴廿說：「大王！閻羅王只抓一般人，卻不能抓佛、神、仙。」猴王滿心歡喜悅：「我明天就去尋仙訪道，學個長生不老之術！」[4]

2. 第二天，羣猴摘來一大堆山桃野果替猴王送行。[5] 猴王一心想尋仙訪道，[6] 他命令手下將木筏搬來，然後撐向南贍部洲。他登上陸地，學會人話人禮，[7] 流浪八九年，再去到西牛賀洲。[8] 他望見一座高山擋住去路，卻不怕險峻，一口氣爬向山巔。[9] 途中，一位老漢告訴他：「往南走有座三星洞，洞中有一位神仙。」猴王喜形於色，迅速往南走去。[10]

3. 猴王跳過七八里路，看見一座洞府。他歡天喜地，不自覺手舞足蹈，在洞前的松樹上攀來盪去，呼喊起來。[11] 一名仙童走出重來，猴王上前拱手：「弟子專程來拜見神仙，請幫忙引路。」[12] 猴王等不及仙童引路，

1　領導才能；公民感、團隊精神和忠心。
2　不偏不倚、公平和公正；公民感、團隊精神和忠心。
3　誠實；真摯和真誠。
4　希望、樂觀感和未來意識；創造力、靈巧性和獨創性；小心、謹慎、審慎；判斷力。
5　領導才能；公民感、團隊精神和忠心。
6　靈修性、對目的觀念和信念。
7　喜愛學習。
8　興致、熱情和幹勁；勤奮、用功和堅毅。
9　興致、熱情和幹勁。
10　興致、熱情和幹勁；判斷力。
11　對世界的好奇和興趣。
12　社交智慧。

已奔到菩提祖師前，磕頭便拜說：「師父，請收我為徒。弟子來自東勝神洲花果山水簾洞。」[13]祖師問：「東勝神洲距離此處十萬八千里，你怎可能跑到這裏？你姓甚名誰？」猴王磕頭說：「弟子一心向學，經歷十幾個寒暑，才尋到這兒。我從石頭裏迸出來，從來不知道姓名。」[14]祖師笑說：「你一步步走來，值得讚賞。我讓你取名孫悟空。」猴頭歡喜過望，忍不住叫：「嘻嘻，我以後叫孫悟空！」[15]

4. 一日，祖師講道，講得有聲有色，悟空眉開眼笑，忍不住手舞足蹈，吱吱地叫。[16]祖師問：「悟空，你怎麼不專心？」孫悟空慌忙磕頭：「弟子專心聽講，因為忍不住內心的喜悅，才忘記了應有的禮儀，望師父恕罪！」[17]祖師問：「已過了七年，你還想學些甚麼？」祖師說出不同技法，悟空搖頭，因為學了不能長生不死。[18]祖師手持戒尺，在悟空頭上敲了三下，然後走入洞中，嚇得師兄弟都怪責悟空說：「你真無禮！你把師父氣走了！」悟空毫不在乎，[19]只裝出笑臉，因為他已猜中祖師的啞謎。[20]

5. 當晚，悟空躡手躡腳地走到師父的寢榻下，雙膝跪地。[21]祖師醒來，問：「你跑來做甚麼？」悟空磕頭說：「師父不是叫我三更時從後門進來，傳我道法嗎？」祖

13　興致、熱情和幹勁。
14　勤奮、用功和堅毅。
15　誠實、真摯和真誠。
16　對世界的好奇和興趣。
17　社交智慧；誠實、真摯和真誠；自我控制和自我規範。
18　勇敢和勇氣。
19　謙恭和謙遜。
20　寬恕和慈悲；洞察力及智慧。
21　社交智慧。

師十分歡喜，心想：「果然聰明，竟然猜中啞謎！」悟空磕頭便拜：「師父！請將道法傳給我吧！我一定不敢忘恩！」[22] 祖師搖手說：「難，你的長相不比他人。」悟空摸摸自己的臉，笑嘻嘻地說：「師父！我雖然凹臉，卻是尖嘴，可以相互抵消吧？」[23] 祖師忍不住笑，說：「除非你學會七十二種變化，否則難以傳授。」祖師對悟空傳授口訣，悟空反覆念了幾次，就牢牢記住。他從此三年自己修煉，將七十二種變化摸得熟透。[24] 後來，祖師又教悟空觔斗雲。悟空將口訣緊記在心，勤加練習，其他師兄弟仍被蒙在鼓裏。[25]

6.　一天，孫悟空和師兄弟在松樹下玩耍，有人說：「如果洞口左邊也有一棵松樹就好看了！」悟空立即變成一棵松樹，[26] 看得眾人驚呼，也驚動了祖師。祖師怒聲教訓：「悟空，我曾囑咐你不可隨便賣弄！你回去水簾洞吧！」悟空跪下求師父饒恕，雙眼垂淚說：「師父，我離家已有二十年，但師恩未報，不敢離去！」[27] 祖師堅決要悟空離開，悟空只好拜謝祖師[28]，駕起觔斗雲離去。

（1257 字）

註：以《西遊記：取經的卡通》的第二章〈學會七十二種變化及觔斗雲〉（黃慶萱等，2012）一文為基礎修改。

22　感恩；喜愛學習。
23　幽默感和挑皮。
24　勤奮、用功和堅毅；洞察力及智慧；喜愛學習。
25　勤奮、用功和堅毅；洞察力及智慧；喜愛學習。
26　愛；仁慈和寬宏。
27　誠實、真摯和真誠；感恩。
28　感恩。

2. 美德一覽表

表 34 〈孫悟空尋仙訪道〉孫悟空的六大美德二十四種性格強項

六大美德	二十四種性格強項	課文情節
智慧與知識	對世界的好奇和興趣	悟空找到三星洞，忍不住手舞足蹈，在洞前的松樹上攀來盪去，呼喊吆喝起來。
		祖師登壇講道，悟空眉開眼笑，忍不住手舞足蹈，吱吱地叫。聽到絕妙處，喜不自勝，因而忘形。
	洞察力及智慧	猴王反覆念幾回口訣，竟牢牢記住。從此三年自修自煉，將七十二般變化摸得熟透。
		祖師手持戒尺，在悟空頭上敲了三下，然後走入洞中。師兄弟怪責悟空，悟空滿臉陪笑，他已猜中祖師所暗示的啞謎。
	判斷力	悟空想到老了會被閻羅王抓去，他隨即決定尋訪神仙，學長生不老之術，好躲過閻羅王這一關。
		悟空經歷七個寒暑，從花果山到南贍部洲及西牛賀洲，一步步走到三星洞。
	喜愛學習	孫悟空學習人話人禮、長生不老之術、七十二般變化及觔斗雲。
	創造力、靈巧性和獨創性	悟空想到老了會被閻羅王抓去，他隨即決定尋訪神仙，學長生不老之術，好躲過閻羅王這一關。
仁愛	社交智慧	悟空看見一名仙童，立即上前作揖：「弟子是專程前來拜見神仙的，請幫個忙接引。」

六大 美德	二十四種 性格強項	課文情節
仁愛	社交智慧	猴王奔到祖師前，倒身下拜，連連磕頭說：「師父，請收我為徒。」
		祖師講道，悟空眉開眼笑，忍不住手舞足蹈，吱吱地叫。祖師認為悟空沒專心。悟空叩頭：「弟子專心聽講，忍不住心中喜悅，望師父恕罪！」
		晚上，孫悟空躡手躡腳地走到師父的寢榻下，雙膝跪地。
	愛 仁慈和寬宏	當師兄希望洞口左邊再多出一棵松樹，孫悟空立即變作一棵松樹。
勇氣	誠實、真摯和真誠	孫悟空在喜宴之間落淚。
		祖師講道，悟空眉開眼笑，忍不住手舞足蹈，吱吱地叫。祖師認為悟空沒專心。悟空叩頭：「弟子專心聽講，忍不住心中喜悅，望師父恕罪！」
		祖師為孫悟空取名，孫悟空歡喜過望，忍不住叫，可見悟空的真摯態度。
		祖師教訓孫悟空不可隨便賣弄。悟空跪下求師父饒恕。悟空再也忍不住，雙眼垂淚。
	興致、熱情和幹勁	悟空經歷七個寒暑，從花果山到南贍部洲及西牛賀洲，一步步走到三星洞，過程之中沒有半途而廢，仍然依據自己信念而行。
		悟空望見一座高山擋住去路，他不怕險峻難走，一口氣爬向山嶺。

六大 美德	二十四種 性格強項	課文情節
勇氣	興致、熱情和幹勁	猴王等不及仙童引路，搶先奔到祖師前，倒身下拜，磕頭說：「師父，請收我為徒。」
	勇敢和勇氣	師父教授孫悟空不同的技法，悟空搖頭不學，堅持只想學長生不死之法。
	勤奮、用功和堅毅	孫悟空撐木筏離開花果山，即使經歷十個寒暑，仍然堅持尋到斜月三星洞。
		猴王反覆念了幾回口訣，竟牢牢記住。從此三年自修自煉，將七十二般變化摸得熟透。
		悟空將觔斗雲的口訣緊記在心，沒有人注意時，就勤加練習。
公義	不偏不倚、公平和公正	悟空領一羣猿猴、獼猴、馬猴等，分派了君臣佐使，獨自為王兩百年。
	公民感、團隊精神和忠心	石猴以超強的本領帶領羣猴覓得福地，被羣猴拜為「美猴王」。
		悟空領一羣猿猴、獼猴、馬猴等，分派了君臣佐使，獨自為王兩百年。
	領導才能	第二天，眾猴早已摘來一大堆的山桃野果，擺得整齊，準備替猴王餞行。

六大 美德	二十四種 性格強項	課文情節
節制	小心、謹慎、審慎	悟空想到老了會被閻羅王抓去，他隨即決定尋訪神仙，學長生不老之術，好躲過閻羅王這一關。
	自我控制和自我規範	祖師講道，悟空眉開眼笑，忍不住手舞足蹈，吱吱地叫。祖師認為悟空沒專心。悟空叩頭：「弟子專心聽講，忍不住心中喜悅，望師父恕罪！」
	寬恕和慈悲	師兄弟怪責悟空，悟空一點也不在乎，只是滿臉陪笑，因為他已猜中祖師所暗示的啞謎。
	謙恭和謙遜	
靈性及 超越	感恩	悟空磕頭便拜：「師父！請將道法傳給我吧！我一定不敢忘恩！」
		孫悟空認為師恩未報，不敢離去，可見他沒有視師父的教導理所當然。
	對美麗和卓越的欣賞	悟空刻苦練習七十二變和觔斗雲，又為求長生不老要尋仙訪道。他希望生命永恆存在，反映他認為生命有意義、價值和美麗之處。
	靈修性、對目的的觀念和信念	眾猴摘來一大堆的山桃野果，替猴王餞行，猴王一心只想尋仙訪道。
	希望、樂觀感和未來意識	悟空想到老了會被閻羅王抓去，他隨即決定尋訪神仙，學長生不老之術，好躲過閻羅王這一關。
	幽默感和挑皮	悟空摸摸自己的臉，笑嘻嘻地說：「師父！我雖然凹臉，卻是尖嘴，可以相互抵消了吧？」祖師忍不住笑。

3. **教學設計及工作紙**

（1）課堂一 —— **教學設計：孫悟空成長之旅 —— 啟程與啟蒙**

`學習重點`

- 理解課文第一至第三段內容要點
- 在理解的基礎上，推斷課文以外的內容和見解
- 評價內容和人物的性格、行為
- 運用聯想和想像，產生新的意念
- 因應情境和對象確定說話內容
- 演繹故事中的對話，表達人物的心情
- 有自信地發言，敢於說出自己的意見
- 運用適當的語氣說話
- 理解錄音資訊的主要訊息
- 仔細聆聽，認真思考
- 共通能力：培養創意、協作、解難及評鑑能力

`教學步驟`

一、引起動機

- 老師提問：
  - 你認識哪些《西遊記》的人物？（學生自由分享，答案僅供參考：唐三藏、孫悟空、豬八戒、沙僧。）
  - 你最喜歡《西遊記》哪個角色？為甚麼？（學生自由分享，答案僅供參考：我最喜歡孫悟空，因為他很聰明。）

> **構思和備註**
> 透過提問幫助學生建構故事背景。

- 老師指出：接下來的課節，我們會了解〈孫悟空尋仙訪道〉的內容，過程之中我們會運用自尊錦囊的法寶，跟孫悟空一起尋寶，同時也會發掘我們自己身上的寶藏。
- 老師邀請學生從自尊錦囊抽出第一個法寶。
- 老師指出：我們這幾天會運用第一個法寶 ——「偵探帽」（老師展示或戴上「偵探帽」）。戴上這頂「偵探帽」，在閱讀時，我們可帶着好奇與開放，發現不同的可能。

> **構思和備註**
> 運用沙維雅自尊錦囊 ——「偵探帽」，鼓勵同學在閱讀時運用好奇與開放的思維。

二、閱讀故事

- 此部分以聆聽錄音的方式/學生朗讀的方式完成,每播放/朗讀一個段落,便進行該段落的活動。

- 老師讓學生選擇合上眼睛聆聽,或一邊閱讀文本一邊聆聽。

三、認識孫悟空

段落一:離鄉別井

- 老師提問:
  - 故事中包括哪些角色?(美猴王、羣猴)
  - 你猜他們身處在甚麼地方?(花果山水簾洞)

- 老師熱情地帶動同學進行活動,先邀請數位同學分別扮演美猴王和羣猴,請他們代入角色。
  老師提問及同學扮演活動舉隅:

> **構思和備註**
>
> 運用沙維雅的雕塑技術,進行角色扮演,並以生動和戲劇化的方式呈現對話、非語言溝通的空間距離、姿勢與表情。

提問對象	提問內容	扮演活動
同學	羣猴如何稱呼石猴?(美猴王。)	讓羣猴尊敬地向猴王呼喊:「美猴王!」
羣猴	石猴是你們的大王,你們對石猴的態度是怎樣的?(尊敬。)	
同學	猴王在囍宴之間發生甚麼事?(猴王落淚。)	猴王
猴王	你的心情是怎樣的?(悲傷。) 為甚麼你會感到悲傷?(因為我擔心自己老了會被閻羅王抓去。/因為我擔心自己將來會死去。) 你的心情除了悲傷之外,還有甚麼?(擔心。)	讓猴王代入角色,以適當的表情說出觀點和感受
其中一猴	你對猴王的觀點有甚麼看法?(我認為閻羅王只能抓一般老百姓,不能抓佛、神、仙。)	讓其中一猴的學生以適當的表情說出觀點
猴王	你聽到其中一隻猴子的看法,你有甚麼感受?(興奮、有希望、期待) 你將會有甚麼行動?(我明天就下山去尋訪佛、神、仙,學長生不老之術,以躲過閻羅王這一關。)	讓猴王以興奮、有希望的語調說出自己將有的行動

> **構思和備註**
>
> 在老師的引導下,學生學習表達想法和感受,訓練理解和表達能力。
>
> 透過角色扮演,讓學生集思廣益,培養學生的協作能力及解難能力。

- 引導過程中,老師可按學生程度解釋詞義。

● 提問過程中，老師可邀請班上其他學生參與回答問題或補充答案，然後讓扮演的學生演出答案。

段落二：尋尋覓覓

● 老師提問：

－ 故事中包括哪些角色？（美猴王、眾猴、老漢。）

● 老師邀請數位同學分別扮演美猴王、眾猴和老漢，請他們代入角色。老師提問及同學扮演活動舉隅：

提問對象	提問內容	扮演活動
同學	猴王將要下山尋找佛、神、仙，羣猴有甚麼預備？（羣猴為他預備了一大堆山桃野果，為他送行。）	讓羣猴扮演為猴王預備送行
眾猴	猴王率領你們兩百年，對於他即將離開，你們有甚麼感受？（捨不得。）	讓羣猴向猴王直接說出為他送行背後的感受
猴王	眾猴為你送行作出預備，你內心想着甚麼？你捨不得他們嗎？（我一心想着尋仙訪道，沒有捨不得他們。／ 我捨不得他們，但我更想着要尋仙訪道。）	讓猴王直接向眾猴說出想法和感受
同學	猴王身在東勝神洲，接下來會去哪些地方？（南贍部洲、西牛賀洲）	讓猴王以適當的語氣說出自己的打算
同學	過程中，猴王遇到甚麼困難？他如何面對困難？（他看見一座高山擋住去路。他不怕險峻，一口氣爬向山嶺。）	讓猴王以適當的語氣說出自己的困難及解決方法
老漢	你跟猴王說了甚麼？（往南走有座三星洞，那洞中有一位神仙。）	讓老漢直接跟猴王說
猴王	你聽到老漢的說話，心情如何？為甚麼？（興奮，因為離我尋仙訪道的目標更接近了。）	讓猴王向全班說出感受和想法

● 引導過程中，老師可按學生程度解釋詞義。

● 提問過程中，老師可邀請班上其他學生參與回答問題或補充答案，然後讓扮演的學生演出答案。

段落三：拜師學藝

● 老師提問：

－ 故事中包括哪些角色？（猴王、仙童、菩提祖師）

- 老師邀請數位同學分別扮演猴王、仙童和菩提祖師，請他們代入角色。老師提問及同學扮演活動舉隅：

提問對象	提問內容	扮演活動
同學	猴王看見洞府後，有甚麼舉動？（他不自覺手舞足蹈，在洞前的一棵松上攀來盪去，呼喊起來。）	讓猴王扮演歡天喜地的樣子
猴王	你看見仙童，對他說了甚麼？（弟子專程前來拜見神仙，請幫忙引路。）	讓猴王以適當的語氣直接向仙童說出對白
猴王	你看見祖師，對他說了甚麼？（師父，請收我為徒。我來自東勝神洲花果山水簾洞。）	讓猴王扮等不及仙童引路，已搶先奔到祖師前，倒身下拜，連續磕頭，說出對白
同學	自離開花果山，猴王經歷多久才尋到三星洞？（南贍部洲、西牛賀洲）	讓猴王以快鏡方式展示這十幾個寒暑的經歷
猴王	為甚麼祖師讓你姓孫，取名悟空，你會歡喜過望？（因為我從石頭裏迸出來，從來不知道姓名，從今以後我就有了姓名。）	讓猴王以適當的語氣說出想法

- 在引導的過程中，老師可按學生程度解釋詞義。
- 提問過程中，老師可邀請班上其他學生參與回答問題或補充答案，然後讓扮演的學生演出答案。

四、總結

- 老師提問：
  - 故事中，哪一個片段最令你印象深刻？為甚麼？（學生自由回答，答案僅供參考：猴王離開花果山的片段令我最印象深刻，因為這個決定一點也不容易。）

- 老師以冥想形式為課堂總結：
  - 現在，請你合上美麗的雙眼。今天我們以新形式學習〈孫悟空尋仙訪道〉的第一至第三段，你可能是扮演某些角色，或是單單在座位上回答問題和留心聽講。你看到孫悟空的行為有沒有與自己相似的？哪些值得你學習的？你對於孫悟空接下來的旅程有沒有一點期待？無論如何，我們都送上一個欣賞和感謝給自己，因為今天我們給予自己一個寶貴機會去學習和成長。當你給予了自己一個大大的讚美，準備好後，就可以睜開你的眼睛。

- 老師派發「偵探帽」貼紙，讓學生貼在我的藏寶圖工作紙上。

工作紙：我的藏寶圖

姓名：＿＿＿＿＿＿（　）　班別：＿＿＿＿＿＿

(2) 課堂二 教學設計：孫悟空成長之旅 —— 啟蒙與回歸

- 理解課文第四至第六段內容要點
- 在理解的基礎上，推斷課文以外的內容和見解
- 評價內容和人物的性格、行為
- 運用聯想和想像，產生新的意念
- 因應情境和對象確定說話內容
- 演繹故事中的對話，表達人物的心情
- 有自信地發言，敢於說出自己的意見
- 運用適當的語氣說話
- 理解錄音資訊的主要訊息
- 仔細聆聽，認真思考
- 共通能力：培養創意、協作、解難及評鑑能力

一、重温

- 提問課文第一至第三段的主要內容：
  - 為甚麼孫悟空離開東勝神洲？（因為他想尋仙訪道，學長生不老之術。）
  - 他如何從東勝神洲走到西牛賀洲？（他跳上木筏，飄向南贍部洲，登上陸地，流浪八九年，再去到西牛賀洲。）
- 老師指出：我們再次運用昨天的錦囊 ——「偵探帽」（老師展示或戴上「偵探帽」）。在閱讀時，我們可帶着好奇與開放，發現不同的可能。

二、閱讀故事

- 此部分以聆聽錄音的方式／學生朗讀的方式完成，每播放／朗讀一個段落，便進行該段落的活動。
- 老師讓學生選擇合上眼睛聆聽，或一邊閱讀文本一邊聆聽。

三、認識孫悟空

段落四：無忘初衷

- 老師提問：
  - 故事包括哪些角色？（孫悟空、菩提祖師、師兄弟。）

構思和備註

運用沙維雅的雕塑技術，進行角色扮演，並以生動和戲劇化的方式呈現對話、非語言溝通的空間距離、姿勢與表情。

提問對象	提問內容	扮演活動
悟空	你聽到祖師講道時，有甚麼舉動？（我眉開眼笑，忍不住手舞足蹈，吱吱地叫。）為甚麼你有這些舉動？（因為我喜歡學習，所以感到興奮。）	讓悟空扮演這些舉動
祖師	你看見悟空有這些舉動，你有甚麼想法？（我認為他不專心聽講。）	讓祖師以適當的語氣說出想法
悟空	你認同祖師的說法嗎？為甚麼？（不認同，因為我只是抑制不住內心的喜悅，忘記了應有的禮儀。）	讓悟空以適當的語氣回應祖師的想法
同學	祖師手持戒尺，然後做了甚麼？（祖師在他的頭上敲了三下，然後走入洞中。）	讓祖師做出這些動作
師兄弟	你們認為祖師為甚麼走入洞中？（我們認為悟空與祖師頂嘴，把他氣走了。）	讓師兄弟以惡言怪責悟空
悟空	你被師兄弟怪責，有甚麼感覺？（我並不在乎。）	讓悟空扮演這些表情
同學	悟空的表情是怎樣的？為甚麼他有這樣的反應？（他只是裝出笑臉，因為他早已猜中祖師所暗示的啞謎。）	

構思和備註

在老師的引導下，學生學習表達想法和感受，訓練理解和表達能力。

透過角色扮演，讓學生集思廣益，培養學生的協作能力及解難能力。

- 引導過程中，老師可按學生程度解釋詞義。
- 提問過程中，老師可邀請班上其他學生參與回答問題或補充答案，然後讓扮演的學生演出答案。

段落五：唯勤是岸

- 老師提問：
- 故事中包括哪些角色？（孫悟空、菩提祖師、師兄弟。）
- 老師邀請數位同學分別扮演孫悟空、菩提祖師，請他們代入角色。老師提問及同學扮演活動舉隅：

- 老師熱情地帶動同學進行活動，邀請數位同學分別扮演孫悟空、菩提祖師，請他們代入角色。老師提問及同學扮演活動舉隅：

提問對象	提問內容	扮演活動
悟空	為甚麼你晚上躡手躡腳地走到師父的寢榻下？（因為師父用戒尺在我頭頂上敲了三下，暗示叫我晚上三更，從後門進去，要傳我道法。）	讓悟空以適當的語氣說出原因
祖師	你看見悟空雙膝跪地，你有甚麼感受？為甚麼？（十分歡喜，因為他能猜中我的啞謎。） 你認為悟空有甚麼性格特質？（他十分聰明。）	讓祖師以適當的語氣說出感受和原因，以及對悟空的看法
同學	為甚麼師父說難以傳授道法給悟空？（因為師父嫌棄他的外貌。）	讓祖師以適當的語氣說出原因
悟空	祖師因為嫌棄你的外貌而不將口訣傳授給你，你有甚麼感受？（傷心、難過、憤怒。）	讓悟空演出自己的心情
同學	悟空有沒有表達自己的傷心和憤怒？他如何回答祖師？（沒有，他回答說：我雖然凹臉，卻是尖嘴，可以相互抵消吧？） 你認為孫悟空有甚麼性格特質？（幽默、變通。）	讓悟空以適當的語氣回應祖師
悟空	祖師教了你哪些技法？（七十二種變化及觔斗雲。） 你如何練習？（我花了三年自己修煉七十二種變化，平時也勤加練習觔斗雲。） 你覺得自己有哪些性格特質？（勤力。）	讓悟空以適當的語氣向大家介紹自己懂得的技法以及展示自己如何練習

- 引導過程中，老師可按學生程度解釋詞義。
- 提問過程中，老師可邀請班上其他學生參與回答問題或補充答案，然後讓扮演的學生演出答案。

段落六：含淚告別

- 老師提問：
  - 故事中包括哪些角色？（孫悟空、菩提祖師、師兄弟。）
- 老師邀請數位同學分別扮演孫悟空和菩提祖師，請他們代入角色。老師提問及同學扮演活動舉隅：

提問 對象	提問內容	扮演活動
悟空	為甚麼你念動口訣，變身成一棵松樹？（因為有人認為若是洞口左邊多出一棵松樹就好看了！我希望滿足他們的想法。／我希望跟師兄弟一起玩耍。／我希望表現自己。）	讓悟空以適當的語氣説出自己的期待及渴望
悟空	你變成一棵松樹，心底裏有甚麼渴望？（被稱讚、被肯定、被欣賞、與師兄弟一起玩耍。）	
祖師	你看見悟空變成一棵松樹，有甚麼感受？為甚麼？（憤怒，因為我曾囑咐他不可在別人面前隨便賣弄。）	讓祖師以適當的語氣説出自己的感受及背後的原因
悟空	你看見祖師憤怒，你有甚麼感受？（後悔、害怕。）	讓悟空演出自己的感受
悟空	當祖師叫你返回東勝神洲，你有甚麼感受？（捨不得、不情願、傷心、無可奈何。）	

- 引導的過程中，老師可按學生程度解釋詞義。
- 提問過程中，老師可邀請班上其他學生參與回答問題或補充答案，然後讓扮演的學生演出答案。

四、總結

- 老師提問：
  - 你認為孫悟空有甚麼性格特質？為甚麼？（學生自由回答，答案僅供參考：我認為他很堅毅，因為他經歷十幾個寒暑才找到菩提祖師，在過程之中他沒有放棄。）
  - 你最欣賞孫悟空的哪些性格？（學生自由回答，答案僅供參考：我最欣賞孫悟空的努力學習。）
- 老師展示天氣報告海報，介紹其中的內容，請學生代入孫悟空的角色，分享孫悟空的天氣報告：
  - 欣賞、感激或興奮：「我要感謝……」、「我對於……感到興奮」
  - 擔憂、關心或困惑：「對於……我感到擔憂」
  - 抱怨和提議：「我不喜歡……，同時我提議改變成……」
  - 新資訊：「我有新的宣佈……」
  - 希望和願望：「我希望……」

五、延伸學習

- 老師派發孫悟空的天氣報告工作紙，讓學生代入孫悟空的角色，列寫屬於他的天氣報告。
- 下一教節抽選學生分享。

工作紙：孫悟空的天氣報告

姓名：＿＿＿＿＿＿（　）　班別：＿＿＿＿＿＿

天氣報告五步曲	
1. 欣賞、感激或興奮	「我要感謝……」或「我對於……感到興奮」
2. 擔憂、關心或困惑	「對於……我感到擔憂」
3. 抱怨和提議	「我不喜歡……，同時我提議改變成……」
4. 新資訊	「我有新的宣佈：……」
5. 希望和願望	「我希望……」

按照課文及上述五個步驟，代入孫悟空，列寫屬於他的天氣報告：

我感謝 ＿＿＿＿＿＿＿＿＿＿＿＿＿＿＿＿＿＿

＿＿＿＿＿＿＿＿＿＿＿＿＿＿＿＿＿＿＿＿＿。

對於 ＿＿＿＿＿＿＿＿＿＿＿＿＿＿＿＿＿＿＿＿

＿＿＿＿＿＿＿＿＿＿＿＿＿＿＿＿＿，我感到擔憂。

我不喜歡 ＿＿＿＿＿＿＿＿＿＿＿＿＿＿＿＿，

同時我提議 ＿＿＿＿＿＿＿＿＿＿＿＿＿＿＿＿

＿＿＿＿＿＿＿＿＿＿＿＿＿＿＿＿＿＿＿＿＿。

我有新宣佈：＿＿＿＿＿＿＿＿＿＿＿＿＿＿＿。

我希望 ＿＿＿＿＿＿＿＿＿＿＿＿＿＿＿＿＿。

參考答案

姓名：＿＿＿＿＿＿＿（　）班別：＿＿＿＿＿＿＿

天氣報告五步曲	
1. 欣賞、感激或興奮	「我要感謝……」或 「我對於……感到興奮」
2. 擔憂、關心或困惑	「對於……我感到擔憂」
3. 抱怨和提議	「我不喜歡……， 同時我提議改變成……」
4. 新資訊	「我有新的宣佈：……」
5. 希望和願望	「我希望……」

按照課文及上述五個步驟，代入孫悟空，列寫屬於他的天氣報告：

我感謝 <u>師父收我為徒，教我七十二變和觔斗雲</u>
＿＿＿＿＿＿＿＿＿＿＿＿＿＿＿＿＿＿＿＿＿＿＿＿。

對於 <u>師父是否已經饒恕我</u>
＿＿＿＿＿＿＿＿＿＿＿＿＿＿＿＿＿＿，我感到擔憂。

我不喜歡 <u>自己有時忘記了應有的禮儀</u>　，
同時我提議 <u>自己多留意自己的行為及反應</u>
＿＿＿＿＿＿＿＿＿＿＿＿＿＿＿＿＿＿＿＿＿＿＿＿。

我有新宣佈：<u>我即將要返回花果山水簾洞</u>　。

我希望 <u>將來可以再回三星洞探望師父</u>　。

(3) 課堂三 教學設計：與孫悟空尋寶— 智慧與知識、仁愛

學習重點

- 選擇能突出重點的素材
- 調整內容、增刪材料
- 評價內容、人物的性格和行為
- 運用聯想和想像，產生新的意念
- 按寫作需要確定寫作內容
- 有自信地發言，敢於説出自己的意見
- 仔細聆聽，認真思考
- 因應不同的寫作要求，採取適當的寫作方法：運用聯想、想像
- 培養智慧與知識、仁愛的美德
- 共通能力：培養創意、協作、解難及評鑑能力

教學步驟

一、重溫

- 提問〈孫悟空尋仙訪道〉故事的主要內容：
  - 故事提及哪些人物？（孫悟空、菩提祖師、師兄弟、老漢。）
  - 為甚麼悟空最後要離開三星洞？（因為他變成一棵松樹，祖師認為他賣弄技法，因此感到憤怒，便將悟空趕回水簾洞。）
- 檢視延伸學習成果：
- 老師抽選學生分享孫悟空的天氣報告。
- 學生分享後，老師回饋。

二、引起動機

- 老師邀請學生從自尊錦囊抽出兩個法寶。
- 老師指出：兩個法寶分別是「智慧寶盒」和「真心」（老師展示「智慧寶盒」和「真心」）。
- 老師再次拿出「偵探帽」，指出今天我們繼續戴上「偵探帽」，做一名偵探，帶着好奇心，尋找孫悟空的寶藏，分別是「智慧與知識」和「仁愛」。

三、美德説明會：智慧與知識、仁愛

- 老師講解「智慧與知識」及「仁愛」：
  - 擁有「智慧與知識」的人對很多事情感到好奇和有興趣，喜愛學習新事物。他會從多角度思考事物，發揮創新思維，比其他人有更不一樣的看法。

> **構思和備註**
>
> 運用沙維雅自尊錦囊——「智慧寶盒」，鼓勵同學連接自己內在的智慧與知識。
>
> 運用沙維雅自尊錦囊——「真心」，鼓勵同學發揮愛、關懷和體恤的本能。

- 擁有「仁愛」的人喜歡親近人羣，重視和他人的關係。他對人仁慈和寬宏大量，因應不同場合，會展現合宜的舉止。

參考資料：

美德	性格特質	描述
智慧與知識	對世界的好奇和興趣	對很多事情感到好奇和有興趣，喜歡探索和發掘新事物。
	洞察力及智慧	與身邊的朋友相比，自己對事物有嶄新且睿智的觀點，思考方式跟別人不同。
	判斷力	從多角度思考事物，做決定時會檢視各個面向。
	喜愛學習	喜愛學習新事物、知識和技巧。
	創造力、靈巧性和獨創性	發揮創新思維，用新奇的方式去做事。
仁愛	社交智慧	因應不同場合，展現合宜的舉止。
	愛	親近人羣，愛其所愛，喜歡與人分享，重視和他人的關係。
	仁慈和寬宏	對人仁慈和寬宏大量，享受為別人做事，做對他人有益的事。

四、與孫悟空尋寶：冰山全接觸

- 活動說明：
- 二人一組，分別找出孫悟空擁有「智慧與知識」、「仁愛」的課文情節。
- 老師可按學生程度以提問引導，提問舉隅：

智慧與知識

- 悟空找到三星洞後，他有甚麼動作和反應？
- 祖師講道時，悟空有甚麼動作和反應？
- 悟空學習了哪些新事物、新知識或新技巧？
- 悟空與其他人有哪些不一樣的看法或做法？

仁愛

- 悟空在哪些時候展示了合宜的舉止？
- 悟空有哪些舉動想親近人羣？

- 老師分別選取孫悟空擁有「智慧與知識」及「仁愛」的片段，邀請六位同學扮演冰山各層，代入孫悟空的角色，猜猜他的冰山各層，包括「行為」、「感受」、「觀點」、「期待」、「渴望」和「自己：我是」。

參考答案：

美德	性格特質	課文情節
智慧與知識	對世界的好奇和興趣	悟空找到三星洞，忍不住手舞足蹈，在洞前的松樹上攀來盪去，呼喊吆喝起來。
		祖師登壇講道，悟空眉開眼笑，忍不住手舞足蹈，吱吱地叫。聽到絕妙處，喜不自勝，因而忘形。
	洞察力及智慧	猴王反覆念幾回口訣，竟牢牢記住。從此三年自修自煉，將七十二般變化摸得熟透。
		祖師手持戒尺，在悟空頭上敲了三下，然後走入洞中。師兄弟怪責悟空，悟空滿臉陪笑，他已猜中祖師所暗示的啞謎。
	判斷力	悟空想到老了會被閻羅王抓去，他隨即決定尋訪神仙，學長生不老之術，好躲過閻羅王這一關。
		悟空經歷七個寒暑，從花果山到南贍部洲、西牛賀洲、一步步走到三星洞。
	喜愛學習	孫悟空學習人話人禮、長生不老之術、七十二般變化及觔斗雲。
	創造力、靈巧性和獨創性	悟空想到老了會被閻羅王抓去，他隨即決定尋訪神仙，學長生不老之術，好躲過閻羅王這一關。
仁愛	社交智慧	悟空看見一名仙童，立即上前作揖：「弟子是專程前來拜見神仙的，請幫個忙接引。」
		猴王奔到祖師前，倒身下拜，連連磕頭説：「師父，請收我為徒。」
		祖師講道，悟空眉開眼笑，忍不住手舞足蹈，吱吱地叫。祖師認為悟空沒專心。悟空叩頭：「弟子專心聽講，忍不住心中喜悦，望師父恕罪！」
		晚上，孫悟空躡手躡腳地走到師父的寢榻下，雙膝跪地。
	愛	當師兄希望洞口左邊再多出一棵松樹，孫悟空立即變作一棵松樹。
	仁慈和寬宏	

五、美德大考驗：智慧與知識、仁愛

- 老師展示沙維雅信念金句，讓學生一起朗讀：
  - 智慧與知識：「問題」不是問題，如何「應對問題」才是問題。
  - 仁愛：人們因「相同」而聯結，因「相異」而成長。
- 老師解説：每個人都有智慧，我相信你也有。你可以打開你手上的「智慧寶盒」，然後讓你的智慧出來，你也可以創造自己的智慧，運用不同的方法應對問題。此外，我們跟別人有很多相同和不同之處。與人相處，我們要拿出「真心」，多向人表達愛、關懷、欣賞和寬宏。同時，可以留意別人也擁有他們的智慧，這樣，你跟其他人一起學習，是多麼美好的畫面。

六、老師總結

- 老師派發「智慧寶盒」及「真心」貼紙，讓學生貼在我的藏寶圖工作紙上。
- 老師派發美德藏寶圖工作紙（一）及（二），讓同學完成孫悟空和自己的冰山。

工作紙：美德藏寶圖（一）智慧與知識

智慧與知識

姓名：＿＿＿＿＿＿＿（　）　班別：＿＿＿＿＿＿＿

性格特質	思考問題
○ 對世界的好奇和興趣	你對哪些事情感到好奇和有興趣？
○ 洞察力及智慧	與朋友相比，你對哪些事情有新穎的看法？
○ 判斷力	你做甚麼事情時，會從多角度思考，才作決定？
○ 喜愛學習	你喜愛學習哪些新事物、知識或技巧？
○ 創造力、靈巧性和獨創性	你如何運用新奇的方式去做事？

內容	孫悟空的冰山	我的冰山
行為	我因為祖師登壇講道而眉開眼笑，手舞足蹈。	
感受	我感到…… ☐ 開心　☐ 得意　☐ 雀躍 ☐ 生氣　☐ 不屑　☐ 不耐煩	我感到
觀點	我認為…… ☐ 學習是一件有趣的事。 ☐ 人必須學習。	我認為
期待	我希望…… ☐ 祖師將會教我更多知識和技巧。 ☐ 自己不會騷擾別人學習。	自己 ↗ 我希望 ↘ 他／她
渴望	其實，我心底裏需要…… ☐ 認同　　　☐ 肯定 ☐ 生命有意義	其實，我心底裏需要……
自己： 我是	我是擁有智慧和知識的。	

參考答案

姓名：＿＿＿＿＿＿＿ （ ） 班別：＿＿＿＿＿＿＿

性格特質	思考問題
○ 對世界的好奇和興趣	你對哪些事情感到好奇和有興趣？
○ 洞察力及智慧	與朋友相比，你對哪些事情有新穎的看法？
○ 判斷力	你做甚麼事情時，會從多角度思考，才作決定？
○ 喜愛學習	你喜愛學習哪些新事物、知識或技巧？
○ 創造力、靈巧性和獨創性	你如何運用新奇的方式去做事？

內容	孫悟空的冰山	我的冰山
行為	我因為祖師登壇講道而眉開眼笑，手舞足蹈。	我嘗試運用不同方法幫同學解決問題。
感受	我感到…… ☑ 開心　☑ 得意　☑ 雀躍 ☐ 生氣　☐ 不屑　☐ 不耐煩	我感到 開心、興奮和滿足。
觀點	我認為…… ☑ 學習是一件有趣的事。 ☐ 人必須學習。	我認為 解決問題的方式不止一種。 我認為 解決問題後會有好結果。
期待	我希望…… ☑ 祖師將會教我更多知識和技巧。 ☑ 自己不會騷擾別人學習。	我希望 自己 多嘗試，並不怕失敗。 他/她 不再因問題而苦惱。
渴望	其實，我心底裏需要…… ☑ 認同　　☑ 肯定 ☑ 生命有意義	其實，我心底裏需要…… 生命有意義、成功感
自己：我是	我是擁有智慧和知識的。	

工作紙：美德藏寶圖（二）仁愛

仁愛

姓名：＿＿＿＿＿＿（　）　班別：＿＿＿＿＿＿

性格特質	思考問題
○ 社交智慧	你會在哪些場合，展現合宜的舉止？
○ 愛	你喜歡親近哪些人羣？你喜歡與哪些人分享？你重視和哪些人的關係？
○ 仁慈和寬宏	你對哪些人仁慈和寬宏大量？你享受為哪些人做事？你對哪些人做有益的事？

內容	孫悟空的冰山	我的冰山
行為	我在師兄弟面前變成一棵松樹。	
感受	我感到…… □ 膽怯　□ 嫉妒　□ 驚嚇 □ 疏離　□ 興奮　□ 自豪	我感到
觀點	我認為…… □ 變成一棵松樹是親近師兄弟的方法。 □ 迎合他人會得到讚賞。	我認為
期待	我希望與師兄弟＿＿＿＿＿＿ ＿＿＿＿＿＿＿＿＿＿＿ 祖師希望我＿＿＿＿＿＿＿ ＿＿＿＿＿＿＿＿＿＿＿	自己 ↗ 我希望 ↘ 他／她
渴望	其實，我心底裏需要…… □ 被肯定　□ 被愛　□ 被重視	其實，我心底裏需要……
自己： 我是	我是一個仁愛的人。	

仁愛

姓名：_____ （ ） 班別：_____

性格特質	思考問題
○ 社交智慧	你會在哪些場合，展現合宜的舉止？
○ 愛	你喜歡親近哪些人羣？你喜歡與哪些人分享？你重視和哪些人的關係？
○ 仁慈和寬宏	你對哪些人仁慈和寬宏大量？你享受為哪些人做事？你對哪些人做有益的事？

內容	孫悟空的冰山	我的冰山
行為	我在師兄弟面前變成一棵松樹。	我讓座給有需要的人。
感受	我感到…… ☐ 膽怯　☐ 嫉妒　☐ 驚嚇 ☐ 疏離　☑ 興奮　☑ 自豪	我感到快樂、欣慰和滿足。
觀點	我認為…… ☑ 變成一棵松樹是親近師兄弟的方法。 ☑ 迎合他人會得到讚賞。	我認為 人與人之間應該互相幫助。 我認為 助人為快樂之本。
期待	我希望與師兄弟 打成一片。 祖師希望我 不要賣弄技法。	自己儘量幫助有需要的人。 ↗ 我希望 ↘ 他／她 在得到幫助後會比較舒適。
渴望	其實，我心底裏需要…… ☑ 被肯定　☑ 被愛　☑ 被重視	其實，我心底裏需要…… 愛、連結
自己： 我是	我是一個仁愛的人。	

(4) 課堂四 教學設計:與孫悟空尋寶 —— 勇氣、公義

學習重點

- 選擇能突出重點的素材
- 調整內容、增刪材料
- 評價內容、人物的性格和行為
- 運用聯想和想像,產生新的意念
- 按寫作需要確定寫作內容
- 有自信地發言,敢於說出自己的意見
- 仔細聆聽,認真思考
- 因應不同的寫作要求,採取適當的寫作方法:運用聯想、想像
- 培養勇氣、公義的美德
- 共通能力:培養創意、協作、解難及評鑑能力

教學步驟

一、重溫

- 老師提問:
  - 我們學習了哪些美德?(智慧與知識、仁愛)
- 檢視延伸學習成果:
- 老師抽選學生分享「智慧與知識」、「仁愛」的冰山。學生分享時,可分別拿着「智慧寶盒」和「真心」兩個法寶。
- 學生分享後,老師回饋。
- 老師鼓勵學生多打開「智慧寶盒」,留意及運用自己已擁有的智慧,並隨時可以添加。同時,老師鼓勵學生多運用「真心」,在適當時候及場合向別人表達愛與關懷。

二、引起動機

- 老師邀請學生從自尊錦囊抽出兩個法寶。
- 老師指出:兩個法寶分別是「勇氣權杖」和「意願盾牌」(老師展示「勇氣權杖」和「意願盾牌」)。

三、美德說明會:勇氣、公義

- 老師講解「勇氣」及「公義」:
  - 擁有「勇氣」的人做事不會因困難或痛苦而畏縮,會懷着興奮的心情行動,並堅持到底。而且,會有勇氣說實話,以行為表達真實的自己。

> **構思和備註**
>
> 運用沙維雅自尊錦囊 ——「勇氣權杖」,鼓勵同學克服恐懼,勇往直前。
>
> 運用沙維雅自尊錦囊 ——「意願盾牌」,鼓勵同學的說話反映出內心真正的意願。

- 擁有「公義」的人會在團隊中和其他人維持友好關係，為團體的成功而努力，對所有人給予平等的機會。

參考資料：

美德	性格特質	描述
勇氣	誠實、真摯和真誠	說實話，真誠表現自己，不虛偽，是個「真心」的人。
	興致、熱情和幹勁	做事懷着興奮的心情和幹勁，不會半途而廢，也不會覺得沒勁，因為對於自己而言，生命是一場歷險。
	勇敢和勇氣	無所畏懼，不會因威脅、挑戰、困難或痛苦而畏縮，根據自己的信念堅決地行動。
	勤奮、用功和堅毅	不畏艱難、貫徹始終，完成已開始的事情。
公義	不偏不倚、公平和公正	公平友善地待人處世，給予每個人平等的機會。
	公民感、團隊精神和忠心	作為團隊的一份子，表現突出。個人是一個效忠和致力於團隊的隊員，經常完成自己的分內事，並為團隊的成功而努力。
	領導才能	維持團隊和諧，在團隊中挺身而出，激發士氣，並與團隊成員維持友好關係。

四、與孫悟空尋寶：冰山全接觸

- 活動說明：
  二人一組，分別找出孫悟空有「勇氣」、「公義」的課文情節。

- 老師可按學生程度來提問引導，提問舉隅：

勇氣

- 悟空在哪些場合有勇氣表達自己？
- 悟空在哪些場合表達了真誠的自己？
- 從哪些片段可見悟空懷着興奮的心情邁向自己的目標？
- 從哪些片段可見悟空勤奮的一面？

公義

- 從哪些線索可以推想悟空與團隊中其他人關係友好？
- 從哪些線索可以推想悟空公平對待團體的成員？

● 老師分別選取孫悟空擁有「勇氣」及「公義」的片段，邀請六位同學扮演冰山各層，代入孫悟空的角色，猜猜他的冰山各層，包括「行為」、「感受」、「觀點」、「期待」、「渴望」和「自己：我是」。

參考答案：

美德	性格特質	課文情節
勇氣	誠實、真摯和真誠	孫悟空在囍宴之間落淚。
		祖師講道，悟空眉開眼笑，忍不住手舞足蹈，吱吱地叫。祖師認為悟空沒專心。悟空叩頭：「弟子專心聽講，忍不住心中喜悦，望師父恕罪！」
		祖師為孫悟空取名，孫悟空歡喜過望，忍不住叫，可見悟空的真摯態度。
		祖師教訓孫悟空不可隨便賣弄。悟空跪下求師父饒恕。悟空再也忍不住，雙眼垂淚。
	興致、熱情和幹勁	悟空經歷七個寒暑，從花果山到南贍部洲、西牛賀洲、一步步走到三星洞，過程之中沒有半途而廢，仍然依據自己信念而行。
		悟空望見一座高山擋住去路，他不怕險峻難走，一口氣爬向山嶺。
		猴王等不及仙童引路，搶先奔到祖師前，倒身下拜，磕頭説：「師父，請收我為徒。」
	勇敢和勇氣	師父教授孫悟空不同的技法，悟空搖頭不學，堅持只想學長生不死之法。
	勤奮、用功和堅毅	孫悟空撐木筏離開花果山，即使經歷十個寒暑，仍然堅持尋到斜月三星洞。
	勤奮、用功和堅毅	猴王反覆念了幾回口訣，竟牢牢記住。從此三年自修自煉，將七十二般變化摸得熟透。
		悟空將觔斗雲的口訣緊記在心，沒有人注意時，就勤加練習。

美德	性格特質	課文情節
公義	不偏不倚、公平和公正	悟空領一羣猿猴、獼猴、馬猴等，分派了君臣佐使，獨自為王兩百年。
	公民感、團隊精神和忠心	石猴以超強的本領帶領羣猴覓得福地，被羣猴拜為「美猴王」。
		悟空領一羣猿猴、獼猴、馬猴等，分派了君臣佐使，獨自為王兩百年。
	領導才能	第二天，眾猴早已摘來一大堆的山桃野果，擺得整齊，準備替猴王餞行。

五、美德大考驗：勇氣、公義

● 老師展示沙維雅信念金句，讓學生一起朗讀：

 – 勇氣：「改變」是有可能的；即使外在的改變有限，內在的改變仍是可能的。

 – 公義：健康的人際關係建立在「平等的價值」之上。

● 老師解說：當我們面對困難、挑戰、威脅和痛苦時，我們會感到脆弱、恐懼和無助。我們無法改變外在的環境，但我們可以選擇拿出「勇氣權杖」，陪伴自己的恐懼試試踏出一步；我們每個人都有「平等的價值」，在生活中要公平友善地對待別人。我們都有權利拿出「意願盾牌」，表達自己內心的意願。

六、老師總結

● 老師派發「勇氣權杖」及「意願盾牌」貼紙，讓學生貼在我的藏寶圖工作紙上。

● 老師派發美德藏寶圖工作紙（三）及（四），讓同學完成孫悟空和自己的冰山。

工作紙：美德藏寶圖（三）勇氣

姓名：＿＿＿＿＿＿（　）　班別：＿＿＿＿＿＿

性格特質	思考問題
○ 誠實、真摯和真誠	你如何真誠表現自己？
○ 興致、熱情和幹勁	你做哪些事會懷着興奮的心情和幹勁，不會半途而廢，也不會覺得沒勁？對於哪些事情你願意嘗試歷險？
○ 勇敢和勇氣	在甚麼情況下，你不會因威脅、挑戰、困難或痛苦而畏縮？
○ 勤奮、用功和堅毅	對於哪些事情，你會不怕艱難、貫徹始終地完成？

內容	孫悟空的冰山	我的冰山
行為	我經歷七個寒暑，從花果山走到三星洞。	
感受	我感到…… ☐ 疑惑　☐ 驚嚇　☐ 雀躍 ☐ 氣餒　☐ 期待　☐ 膽怯	我感到
觀點	我認為…… ☐ 做事應該半途而廢。 ☐ 自己最終會到達目的地。	我認為
期待	我希望自己＿＿＿＿＿＿＿＿ ＿＿＿＿＿＿＿＿＿＿＿＿ 我希望祖師＿＿＿＿＿＿＿ ＿＿＿＿＿＿＿＿＿＿＿＿	自己 ↗ 我希望 ↘ 他／她
渴望	其實，我心底裏需要…… ☐ 生命有意義 ☐ 愛與被愛	其實，我心底裏需要……
自己：我是	我是一個有勇氣的人。	

參考答案

勇氣

姓名：＿＿＿＿＿（　）　班別：＿＿＿＿＿

性格特質	思考問題
○ 誠實、真摯和真誠	你如何真誠表現自己？
○ 興致、熱情和幹勁	你做哪些事會懷着興奮的心情和幹勁，不會半途而廢，也不會覺得沒勁？對於哪些事情你願意嘗試歷險？
○ 勇敢和勇氣	在甚麼情況下，你不會因威脅、挑戰、困難或痛苦而畏縮？
○ 勤奮、用功和堅毅	對於哪些事情，你會不怕艱難、貫徹始終地完成？

內容	孫悟空的冰山	我的冰山
行為	我經歷七個寒暑，從花果山走到三星洞。	我舉手回答老師問題。
感受	我感到…… ☑ 疑惑　□ 驚嚇　☑ 雀躍 □ 氣餒　☑ 期待　□ 膽怯	我感到 放心、好奇和期待。
觀點	我認為…… □ 做事應該半途而廢。 ☑ 自己最終會到達目的地。	我認為 即使我答錯了老師也不會怪責我。 我認為 老師的回應很重要。
期待	我希望自己 最終找到佛、 神、仙。 ＿＿＿＿＿＿＿＿＿＿＿ 我希望祖師 會教我長生不老 之術。	自己　可以答對問題。 ↗ 我希望 ↘ 他／她 接納我可能答錯。
渴望	其實，我心底裏需要…… ☑ 生命有意義 □ 愛與被愛	其實，我心底裏需要…… 安全感、接納、肯定
自己： 我是	我是一個有勇氣的人。	

工作紙:美德藏寶圖(四)公義

公義

姓名:＿＿＿＿＿＿（　）　班別:＿＿＿＿＿＿

性格特質	思考問題
○ 不偏不倚、公平和公正	你在哪些時候給予每個人有平等機會?
○ 公民感、團隊精神和忠心	你參加哪些團隊?你為團隊貢獻了甚麼?
○ 領導才能	你在哪些團體中與成員維持友好關係?

內容	孫悟空的冰山	我的冰山
行為	我公平分派不同的職位給眾猴。	
感受	我感到…… □ 疑惑　□ 滿足　□ 不耐煩 □ 驚嚇　□ 期待　□ 生氣	我感到
觀點	我認為…… □ 只有自己為團隊貢獻。 □ 每個人都有自己的長處。	我認為
期待	我希望自己 ＿＿＿＿＿＿＿＿ ＿＿＿＿＿＿＿＿＿＿＿＿ 我希望眾猴 ＿＿＿＿＿＿＿ ＿＿＿＿＿＿＿＿＿＿＿＿	自己 ↗ 我希望 ↘ 他們/她們
渴望	其實,我心底裏需要…… □ 尊重　□ 有價值	其實,我心底裏需要……
自己: 我是	我是一個公義的人。	

參考答案

公義

姓名：＿＿＿＿＿＿（　）班別：＿＿＿＿＿＿

性格特質	思考問題
○ 不偏不倚、公平和公正	你在哪些時候給予每個人有平等機會？
○ 公民感、團隊精神和忠心	你參加哪些團隊？你為團隊貢獻了甚麼？
○ 領導才能	你在哪些團體中與成員維持友好關係？

內容	孫悟空的冰山	我的冰山
行為	我公平分派不同的職位給眾猴。	我將糖果公平地分給弟妹。
感受	我感到…… □ 疑惑　☑ 滿足　□ 不耐煩 □ 驚嚇　☑ 期待　□ 生氣	我感到 滿足和高興。
觀點	我認為…… □ 只有自己為團隊貢獻。 ☑ 每個人都有自己的長處。	我認為 每個人都是平等的，也值得被公平對待。
期待	我希望自己 能按眾猴的強項分派職位。 我希望眾猴 願意為團隊付出，一起合作。	自己 與他們和諧相處。 ↗ 我希望 ↘ 他們 / 她們 不會因為糖果而發生爭執。
渴望	其實，我心底裏需要…… ☑ 尊重　□ 有價值	其實，我心底裏需要…… 愛、連結
自己： 我是	我是一個公義的人。	

（5）課堂五 教學設計：與孫悟空尋寶 —— 節制、靈性及超越

學習重點

- 選擇能突出重點的素材
- 調整內容、增刪材料
- 評價內容、人物的性格和行為
- 運用聯想和想像，產生新的意念
- 按寫作需要確定寫作內容
- 有自信地發言，敢於説出自己的意見
- 仔細聆聽，認真思考
- 因應不同的寫作要求，採取適當的寫作方法：運用聯想、想像
- 培養節制、靈性及超越的美德
- 共通能力：培養創意、協作、解難及評鑑能力

教學步驟

一、重溫

- 我們之前提及哪些美德？（智慧與知識、仁愛、勇氣、公義）
- 檢視延伸學習成果：
- 老師抽選學生分享「勇氣」、「公義」的冰山。學生分享時，可分別拿着「勇氣權杖」和「意願盾牌」兩個法寶。
- 學生分享後，老師提供回饋。
- 老師指出面對改變，要等待恐懼消失才開始行動恐怕永遠也難以前行，鼓勵學生多運用「勇氣權杖」，鼓起勇氣嘗試冒險；同時，我們每個人也是平等的，可以多運用「意願盾牌」，誠實表達自己喜歡或不喜歡的事物。

二、引起動機

- 老師邀請學生從自尊錦囊抽出兩個法寶。
- 老師指出：兩個法寶分別是「金鎖匙」和「願望棒」（老師展示「金鎖匙」和「願望棒」）。

三、美德説明會：勇氣、公義

- 老師講解「節制」及「靈性及超越」：
  - 擁有「節制」的人會適當管理自己的情緒、行為和舉止，做選擇時會小心行事。當別人犯錯時會原諒他人，不會搶他人風采。
  - 擁有「靈性及超越」的人會心存感激，常向人表達謝意，並會看事情輕

> **構思和備註**
>
> 運用沙維雅自尊錦囊 ——「金鎖匙」，鼓勵同學打開無限可能之門。
> 運用沙維雅自尊錦囊 ——「願望棒」，鼓勵同學接觸自己的需要、期望或夢想。

鬆的一面。他會發掘生活中的美麗，有着清楚的人生目標，並努力追求心願。

參考資料：

美德	性格特質	描述
節制	小心、謹慎、審慎	做選擇時小心、審慎行事，不做那些令自己將來後悔的事。
	自我控制和自我規範	規範自己的感覺與行為，對自己的情緒有自制力，不會反被它們支配，適當管理自己的情緒、行為和舉止。
	寬恕和慈悲	原諒那些犯錯的人，常常給別人第二次機會。
	謙恭和謙遜	不認為自己很特別，不搶他人風采，也不把自己視為高人一等。
靈性及超越	感恩	對發生過的美好事物謹記在心，心存感激，常常表達謝意，或將這份感謝之情永留心中。
	對美麗和卓越的欣賞	珍視和欣賞生命中的美麗和卓越。
	靈修性、對目的的觀念和信念	對更高的人生目標和生活意義有強烈信念。
	希望、樂觀感和未來意識	對未來心存希望，並努力追求和達成心願，相信未來掌握在自己手中。
	幽默感和挑皮	為別人帶來歡笑，逗別人快樂，嘗試去看事情輕鬆的一面。

四、與孫悟空尋寶：冰山全接觸

- 活動說明：
  二人一組，分別找出孫悟空有「節制」、「靈性及超越」的課文情節。
- 老師可按學生程度來提問引導，提問舉隅：

  節制
  － 悟空在哪些時候嘗試管理自己的情緒、行為或舉止？
  － 悟空在哪些場合不計較別人的責備？

  靈性及超越
  － 悟空在哪些時候表達感恩或感激？
  － 從哪些片段可見悟空有幽默感？
  － 從哪些線索推想悟空認為生命有美麗和價值之處？

● 老師分別選取孫悟空擁有「節制」及「靈性及超越」的片段，邀請六位同學扮演冰山各層，代入孫悟空的角色，猜猜他的冰山各層，包括「行為」、「感受」、「觀點」、「期待」、「渴望」和「自己：我是」。

參考答案：

美德	性格特質	課文情節
節制	小心、謹慎、審慎	悟空想到老了會被閻羅王抓去，他隨即決定尋訪神仙，學長生不老之術，好躲過閻羅王這一關。
	自我控制和自我規範	祖師講道，悟空眉開眼笑，忍不住手舞足蹈，吱吱地叫。祖師認為悟空沒專心。悟空叩頭：「弟子專心聽講，忍不住心中喜悅，望師父恕罪！」
	寬恕和慈悲	師兄弟怪責悟空，悟空一點也不在乎，只是滿臉陪笑，因為他已猜中祖師所暗示的啞謎。
	謙恭和謙遜	
靈性及超越	感恩	悟空磕頭便拜：「師父！請將道法傳給我吧！我一定不敢忘恩！」
		孫悟空認為師恩未報，不敢離去，可見他沒有視師父的教導理所當然。
	對美麗和卓越的欣賞	悟空刻苦練習七十二變和觔斗雲，又為求長生不老要尋仙訪道。他希望生命永恆存在，反映他認為生命有意義、價值和美麗之處。
	靈修性、對目的的觀念和信念	眾猴摘來一大堆的山桃野果，替猴王餞行，猴王一心只想尋仙訪道。
	希望、樂觀感和未來意識	悟空想到老了會被閻羅王抓去，他隨即決定尋訪神仙，學長生不老之術，好躲過閻羅王這一關。
	幽默感和挑皮	悟空摸摸自己的臉，笑嘻嘻地說：「師父！我雖然凹臉，卻是尖嘴，可以相互抵消了吧？」祖師忍不住笑。

五、美德大考驗：節制、靈性及超越

● 老師展示沙維雅信念金句，讓學生一起朗讀：

－ 節制：「感受」是屬於我們的；我們擁有它們，而且可以學習如何管理它們。

－ 靈性及超越：欣賞並接納「過去」，可以增加我們處理「現在」的能力。

- 老師解説：日常生活中，我們要適當控制自我情緒和行為，學習謹慎、小心行事。我們可以拿出「金鎖匙」開啟自己心扉、頭腦或其他資源，可能是信心、堅持等，幫助自我控制；我們可以拿着「願望棒」，想想自己的期望、願望、夢想，我們又可以想想如何善用過去的經驗和現在擁有的能力達到這些目標。

六、老師總結

- 老師派發「金鎖匙」及「願望棒」貼紙，讓學生貼在我的藏寶圖工作紙上。
- 老師派發美德藏寶圖工作紙（五）及（六），讓同學完成孫悟空和自己的冰山。

工作紙：美德藏寶圖（五）節制

節制

姓名：＿＿＿＿＿＿（　）　班別：＿＿＿＿＿＿

性格特質	思考問題
○ 小心、謹慎、審慎	你在哪些時候會小心和審慎選擇？
○ 自我控制和自我規範	你如何適當管理自己的情緒、行為或舉止？
○ 寬恕和慈悲	你曾原諒哪些人？你曾給哪些人第二次機會？
○ 謙恭和謙遜	你在哪些事件上，沒有誇耀自己的成就？

內容	孫悟空的冰山	我的冰山
行為	師兄弟怪責我把師父氣走。	
感受	我感到…… □ 可惜　□ 滿足　□ 不耐煩 □ 驚嚇　□ 期待　□ 生氣	我感到
觀點	我認為…… □ 師兄弟不理解祖師的想法。 □ 不需要怪責師兄弟。	我認為
期待	我希望自己 ＿＿＿＿＿＿＿＿ ＿＿＿＿＿＿＿＿＿＿＿＿ 師兄弟希望 ＿＿＿＿＿＿＿ ＿＿＿＿＿＿＿＿＿＿＿＿	自己 ↗ 我希望 ↘ 他們／她們
渴望	其實，我心底裏需要…… □ 愛　　□ 被愛	其實，我心底裏需要……
自己： 我是	我是一個節制的人。	

參考答案

節制

姓名：＿＿＿＿＿＿（　）班別：＿＿＿＿＿＿

性格特質	思考問題
○ 小心、謹慎、審慎	你在哪些時候會小心和審慎選擇？
○ 自我控制和自我規範	你如何適當管理自己的情緒、行為或舉止？
○ 寬恕和慈悲	你曾原諒哪些人？你曾給哪些人第二次機會？
○ 謙恭和謙遜	你在哪些事件上，沒有誇耀自己的成就？

內容	孫悟空的冰山	我的冰山
行為	師兄弟怪責我把師父氣走。	我的朋友花費大量金錢買文具時，我沒有買。
感受	我感到…… ☑ 可惜　☑ 滿足　☐ 不耐煩 ☐ 驚嚇　☑ 期待　☐ 生氣	我感到 知足和滿足。
觀點	我認為…… ☑ 師兄弟不理解祖師的想法。 ☑ 不需要怪責師兄弟。	我認為 如果我還有可以用的文具，就不需要買新的。 我認為 父母賺錢不容易。 我認為 能夠掌控自己的行為是不容易的。
期待	我希望自己 自己控制情緒，不計較師兄弟的怪責。 師兄弟希望 我遵照祖師的話，不要把祖師氣走。	↗ 自己可以繼續用原有的文具。 我希望 ↘ 他／她 不要浪費金錢。
渴望	其實，我心底裏需要…… ☑ 愛　　☑ 被愛	其實，我心底裏需要…… 被肯定、被認同
自己：我是	我是一個節制的人。	

工作紙：美德藏寶圖（六）靈性及超越

靈性及超越

姓名：＿＿＿＿＿＿（　）　班別：＿＿＿＿＿＿

性格特質	思考問題
○ 感恩	你會為哪些事情感恩？你想向誰表達謝意？
○ 對美麗和卓越的欣賞	你珍惜或欣賞生命中哪些美麗的東西？
○ 靈修性、對目的的觀念和信念	你有甚麼人生目標？
○ 希望、樂觀感和未來意識	你對未來心存希望嗎？ 你相信未來掌握在自己手中嗎？ 你會努力追求和達成自己的心願嗎？
○ 幽默感和挑皮	你在哪些時候曾為別人帶來歡笑？ 你在哪些時候嘗試去看事情輕鬆的一面？

內容	孫悟空的冰山	我的冰山
行為	我向祖師表達謝意。	
感受	我感到…… ☐ 可惜　☐ 滿足　☐ 不耐煩 ☐ 感恩　☐ 期待　☐ 生氣	我感到
觀點	我認為…… ☐ 祖師傳授了很多技法給我。 ☐ 自己從祖師身上獲益良多。	我認為
期待	我希望自己 ＿＿＿＿＿＿＿＿＿ ＿＿＿＿＿＿＿＿＿＿＿＿＿ 我希望祖師 ＿＿＿＿＿＿＿＿ ＿＿＿＿＿＿＿＿＿＿＿＿＿	自己 ↗ 我希望 ↘ 他／她
渴望	其實，我心底裏需要…… ☐ 被肯定　☐ 愛人	其實，我心底裏需要……
自己： 我是	我是擁有靈性及超越的。	

參考答案

姓名：＿＿＿＿＿＿＿（　　）　班別：＿＿＿＿＿＿＿

性格特質	思考問題
○ 感恩	你會為哪些事情感恩？你想向誰表達謝意？
○ 對美麗和卓越的欣賞	你珍惜或欣賞生命中哪些美麗的東西？
○ 靈修性、對目的的觀念和信念	你有甚麼人生目標？
○ 希望、樂觀感和未來意識	你對未來心存希望嗎？ 你相信未來掌握在自己手中嗎？ 你會努力追求和達成自己的心願嗎？
○ 幽默感和挑皮	你在哪些時候曾為別人帶來歡笑？ 你在哪些時候嘗試去看事情輕鬆的一面？

內容	孫悟空的冰山	我的冰山
行為	我向祖師表達謝意。	我向老師表達感謝。
感受	我感到…… □ 可惜　☑ 滿足　□ 不耐煩 ☑ 感恩　☑ 期待　□ 生氣	我感到 幸福、幸運和敬佩。
觀點	我認為…… ☑ 祖師傳授了很多技法給我。 ☑ 自己從祖師身上獲益良多。	我認為 老師花時間和心思教我們，令我們獲益良多。 我認為 當老師不容易。
期待	我希望自己<u>可以運用祖師傳授的技法。</u> 我希望祖師 <u>知道我很感激他。</u> ＿＿＿＿＿＿＿＿＿＿＿＿＿	自己 謹記老師教導。 ↗ 我希望 ↘ 他／她 會感受到我的謝意。
渴望	其實，我心底裏需要…… ☑ 被肯定　☑ 愛人	其實，我心底裏需要…… 愛、被愛
自己： 我是	我是擁有靈性及超越的。	

154

（6）課堂六 教學設計：孫悟空面貌舞會＋與自己尋寶

學習重點

- 評價內容、人物的性格和行為
- 運用聯想和想像，產生新的意念
- 發掘和整合自己的內在資源，引發改變
- 共通能力：培養創意、協作、解難及評鑑能力

教學步驟

一、重温

- 老師提問：
  - 我們認識了哪些美德？（智慧與知識、仁愛、勇氣、公義、節制、靈性及超越）
- 檢視延伸學習成果：
- 老師抽選學生分享「節制」、「靈性及超越」的冰山。學生分享時，可分別拿着「金鎖匙」和「願望棒」兩個法寶。
- 學生分享後，老師回饋。
- 老師鼓勵學生面對困境或感到迷惘時，多運用「金鎖匙」開啟自己的資源，發揮創意解決困惑；同時，鼓勵學生多拿出「願望棒」，找到自己的目標和願望，努力向前邁進，過一個有意義的人生。

二、引起動機

- 老師指出每個人都是一個寶箱，內裏有很多珍貴的寶物。今天我們嘗試一起打開自己的寶箱，看看自己擁有甚麼。

三、孫悟空面貌舞會

- 老師讓學生在孫悟空的寶藏工作紙填上孫悟空的特質。
- 活動説明：
  - 老師邀請學生扮演孫悟空以及他的個性部分，包括「勤力」、「熱情」、「頑皮」和「衝動」。
  - 孫悟空作為主角，站在中間，每次兩位同學按提示扮演：

> **構思和備註**
>
> 沙維雅相信，能夠肯定自己的強項及內心最大的期盼，是建立自尊感的基石。人們先要認識自己及接納自己，才能夠為自己去冒險，追求自己的夢想。[29]

---

29 Tougas, Kurek, M., & Labossiere, N. 著，容曾莘薇編 (2012)《歷程式活動100+：沙維雅成長模式活動教材（第五冊：自尊感・自尊錦囊）》，香港：青草地全人發展中心，頁 6。

- 「勤力」與「頑皮」扮演提示
  - 「勤力」：走到甚麼地方都不停做功課，逃避扮演「頑皮」的同學。被「頑皮」的同學騷擾時，不專心溫習。
  - 「頑皮」：蹦蹦跳跳，走來走去，騷擾扮演「勤力」的同學。

  「熱情」與「衝動」扮演提示
  - 「熱情」：張開雙臂，走向扮演「衝動」的同學，以愛和友善對待他。
  - 「衝動」：橫衝直撞，撞到別人時，裝作打人的樣子。
- 老師提問：
  - 你認為哪些特質是好的？（勤力、熱情）
  - 你認為哪些特質是不好的？（頑皮、衝動）
  - 個性中好的部分與不好的部分進行會面，各部分通過姿態、手勢、語言等進行互動。
  - 老師引導主角運用「我接受（特質），因為你（特質的正面意義），我為你改個別名，名叫（特質的正面名稱）」的句式表達，學習接納個性不同面貌。如「我接受頑皮，因為你可以帶來輕鬆，我為你改個別名，名叫活潑」、「我接受衝動，因為你可以帶來動力，我為你改個別名，名叫衝勁」。
- 舞會結束，各個部分邀請孫悟空接納，各個部分最終也成為孫悟空的寶藏。
- 老師提問扮演孫悟空的同學：
  - 你發覺自己有哪些部分？（勤力、熱情、活潑、衝勁）
  - 你發現自己有很多部分，你有甚麼感覺？（興奮、高興）
- 學生在我的藏寶圖工作紙（第一節課已派發）上的寶盒寫上自己的特質，寫得越多越好。
- 學生表達對自己及對他人的欣賞：
  - 句式：我欣賞自己……
  - 句式：我欣賞你……你很棒！
- 老師展示沙維雅信念金句，讓學生一起朗讀：
  - 我們要尋找自己的寶藏，然後去連結並肯定自己。
- 老師小結：我們的寶藏還包括我們的感受、強項、能力、興趣及夢想……我們每個人都有不同的特質，可以適當運用每項特質，鼓勵大家將所學運用到日常生活之中。

四、慶祝

- 老師引導學生分享和總結自己的成長和收穫，可以提問：
  - 經過這些課堂活動，我們獲得甚麼？我們擁有甚麼寶藏？
  - 最後用一句話為自己慶祝，你會說些甚麼？

- 老師指出我們都是神所創造／價值平等，我們都是獨一無二，與別人有着相同和不同的性格特質。我們可以熱愛獨特的自己、多欣賞自己，並發揮自己的潛能。

五、鞏固及總結

- 老師播放《我的自尊宣言（節錄）》影片。

- 老師以冥想形式總結：

- 你可以合上眼睛，讓自己放鬆。我們每一個人都擁有與生俱來的寶藏。現在你可以選擇：你希望成為怎樣的人？你會否多留意自己身上的寶藏？目前你能為自己做甚麼？往後，我們可以繼續發掘更多不同的寶藏，也有能力去強化和運用這些寶藏，達成自己訂立的目標。

- 老師派發與自己尋寶工作紙，讓學生完成。

六、學習評估

（1）課堂問答

（2）課堂活動

（3）課後工作紙

工作紙：孫悟空的寶藏

姓名：＿＿＿＿＿＿＿（　）　班別：＿＿＿＿＿＿

將孫悟空的寶藏寫在藏寶圖上：

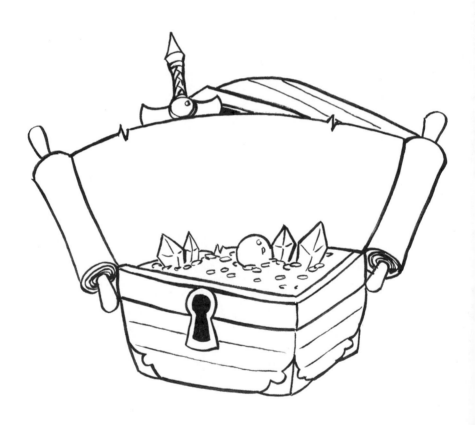

工作紙：與自己尋寶

姓名：＿＿＿＿＿＿（　）　班別：＿＿＿＿＿＿

與孫悟空尋寶後，在以下方格用文字或圖畫記錄你的收穫：

我的經歷
最深刻／最難忘／最觸動
我的景象、人、物……

我的感受
最深刻／最難忘／
最觸動我的感受……

我的未來
我的立志、計劃、行動……

我的發現
我對自己的認識多了……

八

回饋篇：老師回饋

協作學校進行教學實踐後，研究團隊與科任老師進行訪談，了解老師對〈孫悟空三借芭蕉扇〉、〈孫悟空尋仙訪道〉兩篇課文，以及沙維模式教學效果的看法：

1.〈孫悟空三借芭蕉扇〉課文

這篇課文的內容有趣味性，人物性格很鮮明，同學容易掌握，題材非常好。同學也認為內容很有趣和很新奇。孫悟空為村民着想，才完成這件事情，同學都留意到他的好心。同學亦有討論是否贊成孫悟空用這些方法去借芭蕉扇，例如指出孫悟空欺騙鐵扇公主，或者變成小飛蟲令鐵扇公主不舒服，這些行為都是不應該的。同學建議運用其他方法，如孫悟空之前得罪了鐵扇公主應該先道歉，再用正確方法說服鐵扇公主借扇，而不是用粗暴的方式。

東華三院港九電器商聯會小學　　蔡益慧老師

這篇課文很有層次，內容有趣，又有想像空間，例如孫悟空到火焰山附近非常熱，可請學生想像一下。孫悟空法力高強，甚麼也做得到，甚至可以進入其他人身體裏面搗亂，同學都覺得有趣。同學對打鬥場面很感興趣，更加入自己的想像，十分刺激！同學特別欣賞孫悟空借完芭蕉扇後立即歸還，他們認為孫悟空處理得好。

大埔舊墟公立學校　　鄧彩燕老師

孫悟空一向給人的感覺都是正義的化身，所以同學都很喜歡孫悟空，並投入於故事中。課文的經典情節：「三借」讓他們一層層解構。透過這故事，可告訴同學人生有些時候會遇上困難，即使孫悟空擁有很多法術，但也不會一帆風順。同學在當中有不少學習呢！

大埔舊墟公立學校　　關瑞東老師

同學本身對這故事都稍有認識，故事情節上有好多神奇的事發生，所以對同學來說非常吸引。即使課文中，孫悟空展示了未必恰當的行為，同學在分析角色性格後，會更加明白其實不恰當的行為會帶來後果，所以小朋友也不會以此成為榜樣。

五邑鄒振猷學校　　朱星蓉老師

課文情節中，同學對打鬥場面特別感興趣，他們也有代入感，好像身歷其境般。同學認為孫悟空做事堅持，為了師父和村民而有毅力地完成任務。個別同學同意孫悟空借芭蕉扇的方法，但也有同學提出其他可能性，例如建議孫悟空與鐵扇公主修補關係，才問公主借扇而非欺騙公主、孫悟空可直接請神仙幫忙製作「芭蕉扇」撲熄烈火等，這些多元答案能刺激同學思考，促進交流意見。

東華三院港九電器商聯會小學　　馬文虎老師

2.〈孫悟空尋仙訪道〉課文

最初以為課文比較沉悶，因為《西遊記》較多講述打鬥和妖怪的情節，但〈孫悟空尋道訪道〉純粹只提及孫悟空去拜師。不過，同學都覺得十分吸引，課文也突顯了孫悟空不同的性格。同學比較深刻的是孫悟空有毅力和非常堅持去學法術的性格。另一項是孫悟空的勤奮，因為《西遊記》中孫悟空多數是比較頑皮，較少見到他很有恆心和很堅持去做一件事情。

五邑鄒振猷學校　　勞國軒老師

課文有出乎意料的情節，例如孫悟空被祖師用戒尺在頭頂敲了幾下，同學以為他真的被祖師教訓，後來才知

道這原來是祖師給予他的啞謎。另一個情節是，孫悟空在師兄弟面前變成松樹而被祖師趕走，同學也沒想過祖師這樣鐵石心腸。此外，課文情節可展示孫悟空不同的性格，例如他為了自己的理想而放下所有事情，鍥而不捨地去追尋。他自己也很好學和很聰明，又猜中了師父的啞謎。他亦知恩圖報，想報答師父而留在師父身邊。

五邑鄒振猷學校　　陳邦彥老師

　　這個故事選材很好，同學透過電視和卡通片了解《西遊記》，較多集中在四師徒取西經過程中斬妖除魔以及排除萬難的片段，對尋仙訪道比較陌生，所以這篇課文可增加同學的認知。而尋仙訪道肯定有「正向」成份，例如悟空尋找三星洞的路途上花了好多時間，這絕對是擁有正向心理的人才可做到。他有勇氣、目標清晰明確、不輕言放棄，即使要跳出舒適圈，離開一個熟悉環境，他都願意踏出這一步。學習方面，他的求知欲非常強，只要學到新事物就非常興奮。其實，整個故事也是「正向」，孫悟空本身也是「正向」人物。

東華三院港九電器商聯會小學　　劉偉珍老師

　　孫悟空尋仙訪道的經歷對同學來說也很深刻。同學原本對尋仙訪道的故事不太熟悉，反而比較了解孫悟空取西經的經過。通過這些課堂，他們了解到孫悟空原來在這裏學習七十二變、觔斗雲等，令自己法力變得高強，更可以斬妖除魔。加上，孫悟空有一些優點，例如見到祖師時有禮貌，更會鞠躬，他又喜愛學習等，同學也可以透過課文內容學到正確態度。

東華三院港九電器商聯會小學　　關綺婷老師

這篇課文有別於坊間《西遊記》一般的教材，課文內容有些可設計為讓同學猜想，同學對此亦有新鮮感。同學對孫悟空的印象一般是活潑和衝動魯莽，但這篇課文提到他有一些人性化的表現，同學都因而有新發現。同學最感動的部分是孫悟空離開三星洞前向師父表達感恩之情，他們會想像如果自己是孫悟空，那會怎樣跟師父說再見。

大埔舊墟公立學校　　曾睿思主任

同學之前不知道孫悟空在尋仙訪道時經歷了這麼多苦難，他們只知道孫悟空武功好厲害，又懂得七十二變，但從這篇課文中，才知道他的求學過程原來經歷過千辛萬苦。課文很多篇幅呈現出孫悟空的勇氣，他跳出自己的安舒區，經歷多年尋仙訪道才遇到祖師，又要學人話人禮，這些全都是勇氣的體現。

大埔舊墟公立學校　　陳偉玲老師

3. 沙維雅模式的教學效果

自尊錦囊

自尊錦囊對同學來說非常吸引，一來讓同學覺得美德可以用一件他們容易辨認的具體物件呈現；二來上課時，同學拿着這物件變得有歸屬感，即是好像表達自己現正擁有這物件所代表的美德。老師運用錦囊更容易呈現想要表達的美德，同學會覺得更吸引，印象會更深刻。

五邑鄒振猷學校　　勞國軒老師

同學對於六大美德印象深刻多了，他們明白自己的內心已擁有很多美德，也能減少孤單感。當他們遇到問題時，其實自己已可以幫助自己，因為發現了自己的內心原

來很豐富。而且，我相信他們已學懂接納自己，亦明白每一個人都有不同的面貌。將自尊錦囊和六大美德融入課堂中，有助同學探究課文人物有沒有這些特質，同學更知道自己內在已具備一些資源，這樣可幫助同學發掘一直擁有但未被覺察的美德。當同學有這些新認知後，就可以慢慢建立更多，繼續累積。

東華三院港九電器商聯會小學　劉偉珍老師

自尊錦囊具有象徵意義，讓同學更形象化地了解六大美德。當每次在課堂上抽選法寶，同學像是有着推動力，再配合「我的藏寶圖工作紙」，同學更容易了解和記住各種美德。

大埔舊墟公立學校　關瑞東老師

冰山隱喻

冰山活動非常有意義，也很有深度。老師和同學可以一層一層去打開其他同學的內心世界。他們對人物角色的內心感受和正向性格特質有更深理解，也會懂得從不同角度和不同方面去欣賞一個人，然後再去欣賞自己。他們寫完孫悟空的冰山後，會將自己的經歷放進自己的冰山，最後發現原來自己與課文中的孫悟空都擁有相似而值得欣賞的性格特質。這對他們會有正面影響，他們也能更認識自己。

五邑鄒振猷學校　許家睿老師

小學生很多時候不會太深入去檢視自己經歷的事情，對他們來說，那些事件可能經常發生，並不是甚麼特別事情，但同學現在懂得運用冰山隱喻的形式逐層逐層去探

究。我覺得他們對自己了解更多，會增強個人的內在。而且，這個活動可以慢慢幫助學生建立對自己的認知，這絕對是一件好事。他們現在會打開自己的心窗去了解自己，試試去窺探自己內心面對的問題，再去深層檢視內在想法，這個經驗已收藏在他們心中，相信將來在其他機遇會發揮作用。

東華三院港九電器商聯會小學　　劉偉珍老師

冰山中別人的「行為」是我們能見到的，而其中的「感受」等等我們未必見到。同學透過這個課堂活動和工作紙分享自己生活或家庭經歷中的感受。同學有渠道可以抒發自己的感受，我也發現同學的內心原來是這樣豐富。其中一位同學的家長更看到兒子的工作紙，發現兒子的想法，該位同學平日較少與媽媽有這樣的溝通。所以，這些活動讓小朋友多了一個平台去抒發情感。其中我們提到勇氣，我先示範舉出一個自己承認錯誤的例子，同學們都因為我的分享而對我有更多了解，然後有同學也願意向全班分享一件小事和承認錯誤。另外，有些同學雖然猶豫，但最後都鼓起勇氣舉手分享，我也藉此機會向他們表達欣賞。

大埔舊墟公立學校　　關瑞東老師

天氣報告

天氣報告真的非常實用，同學可以嘗試用這種方式逐步表達自己，我覺得他們更容易理解自己的想法，也幫助我去了解他們。我自己有個期待，希望日後可以繼續運用天氣報告。另外，同學有很多事情未必有勇氣跟其他人說，尤其是對着權威角色。天氣報告中，其中一項關於自己對某些事情的擔憂，以及自己的建議是甚麼。事後，我

也聽到他們會用這種句式溝通，他們會比以前更有勇氣去表達自己的想法和感受。

五邑鄒振猷學校　勞國軒老師

天氣報告能幫助同學認識自己的情緒及擁有這情緒背後的原因，例如他們會表達擔心自己因做不完功課而被媽媽責罵，同學明白自己因為着緊這些事情而有這些反應，也着緊媽媽對自己的期待和看法。所以，天氣報告幫助同學更認識自己。

五邑鄒振猷學校　許家睿老師

天氣報告可幫助同學梳理內在想法，甚至有些同學將六大美德的內容寫在天氣報告中，美德成為了欣賞自己和互相欣賞的內容。這個環節可讓學生知道自己擁有很多優點，加上道具的輔助，有一羣同學出來分享，同學會更有自信去表達。

大埔舊墟公立學校　關瑞東老師

天氣報告可觸碰同學的心底，因為他們本來不太懂得抒發感情。透過這個活動，他們知道原來不是沒有人欣賞自己的，自己都有很多優點，只是之前同學較少用說話表達，而這些明顯的讚賞其實是小朋友需要的。同學也因為被欣賞而增加了自信，由此更增加了他們欣賞別人的能力，提升了他們的美德。

大埔舊墟公立學校　陳偉玲老師

冥想

冥想對同學來說，有着深層思考的作用，我感覺到他們有認真去想一想老師在帶領冥想環節時提出的問題。他們準備呈分試時，我都跟他們再試試進行冥想，並藉此鼓勵他們，他們都認真進行這個活動。

五邑鄒振猷學校　勞國軒老師

冥想其實很有用，因為能讓同學在當下一刻平靜深刻地思考自己。如之後老師再帶領同學進行冥想，建議老師可給予他們分享的時間，讓他們說一說或寫一寫。

五邑鄒振猷學校　許家睿老師

我認為冥想對小學生來說可能只是輕鬆、休閒或休息的狀態，但我看到他們的反思，部分同學認為最大得着是這個環節。同學分享因為冥想內容可以歸納整個課堂內容，或讓他們想想自己在這一節學了甚麼以及在生活上如何運用。原來冥想讓他們有一種沉澱的感覺，可以停一停，想一想，反思下一步怎樣做，甚至調節自己情緒。我也沒想過冥想對於小五學生有這麼大用處。

東華三院港九電器商聯會小學　劉靄兒老師

同學在回饋時指出冥想的環節很好，由於進行冥想時，同學會合上眼，而且坐姿也比較自由，配合背景音樂，同學可以更放鬆。這種方式可讓平時浮躁的同學沉澱下來。

大埔舊墟公立學校　陳偉玲老師

運用冥想替課堂作一個總結具有很多作用。當同學睜起眼，他們可以將所有精力集中在聽覺上，也較專注聽到冥想的內容。我覺得冥想可以在平日的教學中成為恆常的方式。

大埔舊墟公立學校　　關瑞東老師

面貌舞會

面貌舞會可以讓同學了解自己擁有獨一無二的性格，也不要用優點和缺點劃分性格，一些性格配合適當的時間和場合使用就可以了。當同學仍認為某些性格是缺點，也可以學習接納這就是自己，因為世界上沒有人完美，而我們也不需要去做完美的人。

東華三院港九電器商聯會小學　　劉偉珍老師

同學平日跟別人吵架，常會看到別人的缺點。通過面貌舞會，同學更了解到別人的內心，例如「頑皮」背後的內心想法和原因。而當對方的「頑皮」沒傷害自己時，可否用另一些角度去看這個性格特質，甚至以正向的角度去看呢？面貌舞會也可就校本情境再加以設計，同學必定更容易投入其中，會有更多學習。

大埔舊墟公立學校　　關瑞東老師

面貌舞會可以令同學重新發掘各種性格特質，即使不好的性格特質原來也有好的和值得認同的一面，這樣他們更容易接受自己的不同面貌，對別人的看法也更正面，整體變得更積極。

大埔舊墟公立學校　　陳偉玲老師

沙維雅信念金句

同學經常一看見金句，就有「叮」一聲和擊中心靈的感覺，即當下會覺得擁有力量。因此，金句也提醒同學將來遇到困難時，再想起這句子就會重新振作。對於一些理解能力較弱的同學，我們可以多運用生活的事例幫助他們理解金句內容。

五邑鄒振猷學校　　許家睿老師

整體

同學能更認識自己，他們沒想過自己有值得人欣賞的優點，因為以前沒有人稱讚自己，也沒想過自己在對方心目中是這樣好的。班上的同學整體多了欣賞身邊的人，更發掘到自己身上的美德和相關事例。課堂活動對同學來說，提供了一個場合，有機會想一想，發掘自己身上的特質，令他們內心或多或少出現變化。有一位同學最初不願意在課堂表達，以往我自己也會用較嚴肅的態度對待同學，但今次嘗試用天氣報告的形式表達，並了解同學的行為背後到底在想甚麼，最後能成功一步一步去找出答案。

五邑鄒振猷學校　　勞國軒老師

同學會更了解自己，例如同學認為某些行為是不好的，下次就不可以這樣做，而做這些行為的背後，並非他們邪惡或不善良，而是出於他們內心的一些恐懼和驚慌的情緒。

五邑鄒振猷學校　　許家睿老師

最深刻是欣賞他人的環節，有同學表示自己第一次這樣被人稱讚，增強了自己的信心，他們更開始發掘和相信自己都有優點。這些經驗在他們讀書階段相當重要，同學會變得更加正向。我看到同學在課堂中嘗試突破自己，肯踏出第一步表達自己，有些同學變得主動答問題，多了舉手踴躍參與，並想出解決辦法。他們也會多謝同學幫助，而同學間的鼓勵和欣賞也十分重要，這些有助推動他們學習怎樣去對人、怎樣去肯定自己和了解自己多一點。我認為他們在欣賞他人、肯定自己和想解決方法方面有進步。此外，同學沉澱後了解到自己想要甚麼，我看見很多同學表達想被人肯定，我也因此更了解他們。

東華三院港九電器商聯會小學　　劉露兒老師

我認為同學面對困難的勇氣有所提升，他們面對考試的壓力減少了。另外，同學更認識靈性與超越，知道幽默感、對美的欣賞等等都屬於這範圍。角色扮演方面，除了讓同學按着課文情節表達，也可以讓同學在演出時加入創意和具挑戰性的內容，讓他們有更多發揮。這次活動啟發了我思考如何將六大美德元素滲入課堂，與同學多加探討和分享。

大埔舊墟公立學校　　陳偉玲老師

同學非常欣賞活動的道具，在道具的輔助下，同學更容易投入到角色中，提升了學習的興趣和好奇心。孫悟空擁有勇氣、公義等特質，同學扮演時都能夠演繹，亦能更有效理解文章內容，對我班的同學幫助很大。雖然，同學在開首未懂得寫冰山和天氣報告的內容，但當我舉出例子或請班上同學分享後，其他同學也主動起來，願意積極參與和分享。如有機會再進行這個活動，角色扮演環節

也可以考慮分小組進行，小組內的同學扮演不同角色，然後在課後錄製影片，進行觀摩學習，以針對不同班別的需要。

今次我嘗試了全新的教學模式，發現強化正向教育的方法，也發現正向其實是無處不在的。將來我教授其他篇章，都可以運用這些模式施教，例如角色扮演、冰山隱喻、天氣報告等，讓同學分享自己的感受。同學亦學懂了一些方法以達到正向心理的六大美德。

大埔舊墟公立學校　　關瑞東老師

九

教具篇：工具、道具、
　　海報、圖卡及貼紙

1. 課堂教具一覽表

(1) 自尊錦囊工具

〈孫悟空三借芭蕉扇〉		〈孫悟空尋仙訪道〉	
	自尊錦囊袋 X 1		自尊錦囊袋 X 1
	智慧寶盒 X 1		智慧寶盒 X 1
	真心 X 1		真心 X 1
	偵探帽 X 1		偵探帽 X 1
	金鑰匙 X 1		金鑰匙 X 1
	意願盾牌 X 1		意願盾牌 X 1
	願望棒 X 1		願望棒 X 1
	勇氣權杖 X 1		勇氣權杖 X 1

（2）角色扮演道具

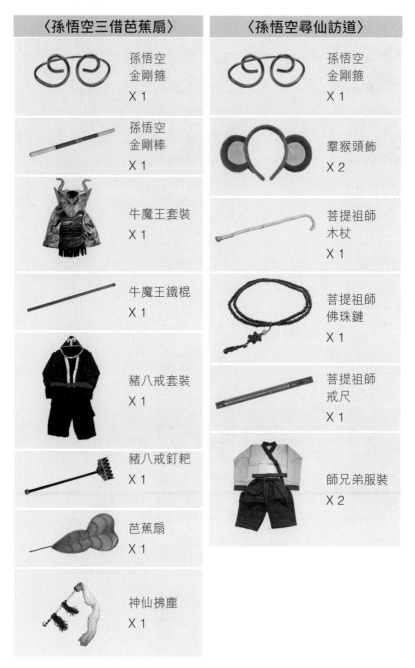

〈孫悟空三借芭蕉扇〉	〈孫悟空尋仙訪道〉
孫悟空 金剛箍 X 1	孫悟空 金剛箍 X 1
孫悟空 金剛棒 X 1	羣猴頭飾 X 2
牛魔王套裝 X 1	菩提祖師 木杖 X 1
牛魔王鐵棍 X 1	菩提祖師 佛珠鏈 X 1
豬八戒套裝 X 1	菩提祖師 戒尺 X 1
豬八戒釘耙 X 1	師兄弟服裝 X 2
芭蕉扇 X 1	
神仙拂塵 X 1	

（3）海報

〈孫悟空三借芭蕉扇〉		〈孫悟空尋仙訪道〉	
	自尊錦囊 X 1		自尊錦囊 X 1
	天氣報告 X 1		天氣報告 X 1
	應對姿態 X 1		應對姿態 X 1
	冰山隱喻 X 1		冰山隱喻 X 1
	我的藏寶圖 X 1		我的藏寶圖 X 1
	「我的藏寶圖」 圓形問號圖卡 X 7		「我的藏寶圖」 圓形問號圖卡 X 7
	六大美德 二十四種性格 強項 X 1		六大美德 二十四種性格 強項 X 1

（4）冰山圖卡

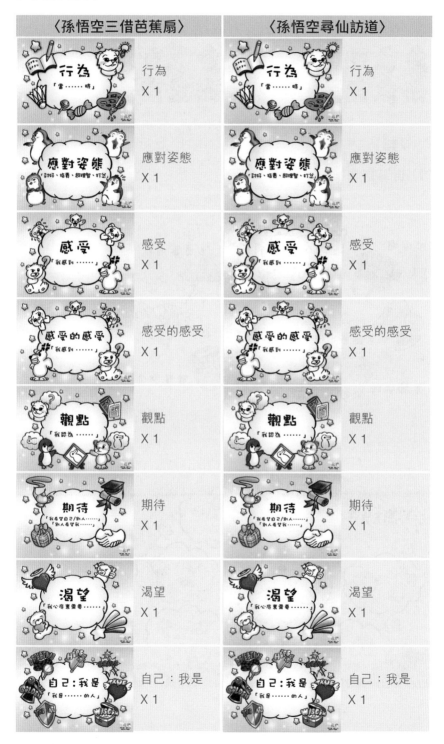

〈孫悟空三借芭蕉扇〉		〈孫悟空尋仙訪道〉	
行為	行為 X 1	行為	行為 X 1
應對姿態	應對姿態 X 1	應對姿態	應對姿態 X 1
感受	感受 X 1	感受	感受 X 1
感受的感受	感受的感受 X 1	感受的感受	感受的感受 X 1
觀點	觀點 X 1	觀點	觀點 X 1
期待	期待 X 1	期待	期待 X 1
渴望	渴望 X 1	渴望	渴望 X 1
自己：我是	自己：我是 X 1	自己：我是	自己：我是 X 1

（5）貼紙

〈孫悟空三借芭蕉扇〉		〈孫悟空尋仙訪道〉	
	自尊錦囊貼紙 X 各班人數		自尊錦囊貼紙 X 各班人數

2. 海報

（1）自尊錦囊

（2）天氣報告

(3) 應對姿態

（4）冰山隱喻

(5) 我的藏寶圖

(6)「我的藏寶圖」圓形問號圖卡

(7) 六大美德二十四種性格強項

3. 冰山圖卡

（1）行為

（2）應對姿態 [1]

1　由於課堂時間所限，課堂內容和工作紙未有重點介紹「應對姿態」。

(3) 感受

(4) 感受的感受 [2]

2　由於課堂時間所限，課堂內容和工作紙未有重點介紹「感受的感受」。

(5) 觀點

(6) 期待

(7) 渴望

(8) 自己：我是

4. 自尊錦囊貼紙

十

資源篇：教與學輔助材料

為了讓協作學校的老師及學生對沙維雅模式和正向心理六大美德有所了解，研究團隊製作一系列的「沙維雅模式」和「正向心理學」影片。研究團隊亦提供相關書目及論文予老師作為額外參考。

1. 老師參考影片 [1]

甚麼是沙維雅模式？
https://youtu.be/BVk8C8JxlXM

沙維雅模式：天氣報告
https://youtu.be/W5v_mK6LrqA

1　本書提供的老師參考影片及學生參考影片運用 Powtoon
　　製作：https://www.powtoon.com。

沙維雅模式：冰山隱喻

https://youtu.be/PPSc2Ga9jVI

沙維雅模式：自尊錦囊

https://youtu.be/-ZDRhsqUd7k

沙維雅模式：面貌舞會

https://youtu.be/7MIFMjajbiQ

教室裏的沙維雅模式
https://youtu.be/qX8MB5r2KQg

我的自尊宣言節錄 —— 沙維雅 Virginia Satir
https://youtu.be/J8zGShL2X1I

2. 學生參考影片

正向錦囊
六大美德　二十四種性格強項 [2]
https://youtu.be/BianGxZWzGk

2　六大美德二十四種性格強項的描述內容參考《真實的快樂》(Martin E. P. Seligman，
　2002 著 /2003 譯) 以及《正向心理學在學校教育的應用》(李新民，2010) 的內容。

智慧與知識

以及在春秋時代的老子身上
如何體現這種特質

https://youtu.be/
Lrgxp8oQYP0

性格強項	描述
對世界的好奇和興趣	對很多事情感到好奇和有興趣，喜歡探索和發掘新事物。
洞察力及智慧	與身邊的朋友相比，自己對事物有嶄新且睿智的觀點，思考方式跟別人不同。
判斷力	從多角度思考事物，做決定時會檢視各個面向。
喜愛學習	喜愛學習新事物、知識和技巧。
創造力、靈巧性和獨創性	發揮創新思維，用新奇的方式去做事。

仁愛

以及孔子如何體現仁愛

https://youtu.be/
BFl-etH2H_g

性格強項	描述
社交智慧	因應不同場合，展現合宜的舉止。
愛	親近人羣，愛其所愛，喜歡與人分享，重視和他人的關係。
仁慈和寬宏	對人仁慈和寬宏大量，享受為別人做事，做對他人有益的事。

勇氣

https://.be/
kQJPH1S_d8E

性格強項	描述
誠實、真摯和真誠	說實話，真誠表現自己，不虛偽，是個「真心」的人。
興致、熱情和幹勁	做事懷着興奮的心情和幹勁，不會半途而廢，也不會覺得沒勁，因為對於自己而言，生命是一場歷險。
勇敢和勇氣	無所畏懼，不會因威脅、挑戰、困難或痛苦而畏縮，根據自己的信念堅決地行動。
勤奮、用功和堅毅	不畏艱難、貫徹始終，完成已開始的事情。

公義

https://youtu.be/
RJPQ-E3waBA

性格強項	描述
不偏不倚、公平和公正	公平友善地待人處世，給予每個人平等的機會。
公民感、團隊精神和忠心	作為團隊的一份子，表現突出。個人是一個效忠和致力於團隊的隊員，經常完成自己的份內事，並為團隊的成功而努力。
領導才能	維持團隊和諧，在團隊中挺身而出，激發士氣，並與團隊成員維持友好關係。

節制

漢文帝 節制

以及漢文帝如何體現節制

https://youtu.be/
HjrwDQ7kKUw

性格強項	描述
小心、謹慎、審慎	做選擇時小心、審慎地行事，不做那些令自己將來後悔的事。
自我控制和自我規範	規範自己的感覺與行為，對自己的情緒有自制力，不會反被它們支配，適當地管理自己的情緒、行為和舉止。
寬恕和慈悲	原諒那些犯錯的人，常常給別人第二次機會。
謙恭和謙遜	不認為自己很特別，不搶他人風采，也不把自己視為高人一等。

靈性及超越

六祖慧能 靈性及超越

以及六祖慧能如何體現靈性及超越

https://youtu.be/
voj5fMFjvww

性格強項	描述
感恩	對發生過的美好事物謹記在心，心存感激，常常表達謝意，或將這份感謝之情永留心中。
對美麗和卓越的欣賞	珍視和欣賞生命中的美麗和卓越和優秀。

靈性及超越	
性格強項	描述
靈修性、對目的的觀念和信念	對更高的人生目標和生活的意義有強烈的信念。
希望、樂觀感和未來意識	對未來心存希望，並努力追求和達成心願，相信未來掌握在自己手中。
幽默感和挑皮	為別人帶來歡笑，逗別人快樂，嘗試去看事情輕鬆的一面。

3. 虛擬教學資源

角色扮演及虛擬背景圖舉隅

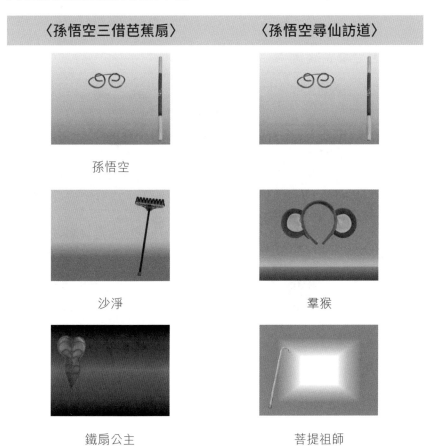

〈孫悟空三借芭蕉扇〉	〈孫悟空尋仙訪道〉
孫悟空	
沙淨	羣猴
鐵扇公主	菩提祖師

牛魔王

菩提祖師

神仙

自尊錦囊虛擬背景圖

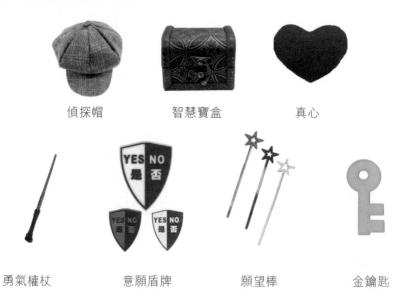

偵探帽　　　　　智慧寶盒　　　　　真心

勇氣權杖　　　　意願盾牌　　　　願望棒　　　　金鑰匙

出版後記

從發現語文教育、榮格理論、沙維雅模式、正向心理之間千絲萬縷的關係、構思教學設計、到校觀摩教學實踐、整理訪談內容、將文稿編輯成書⋯⋯及至本書付梓之際，我都是既興奮，又緊張。過程中，我猶如踏上英雄之旅，當接受到冒險的召喚，我期待着開始一場刺激和未知的探險旅程。我遇到很多源自內在和外在的考驗，例如懷疑這個探索角度是否容易為人所理解、懷疑以榮格理論作為選材原則是否為人所接受、懷疑將沙維雅模式應用在語文教育是否適用於沒有正式接受輔導培訓的教育工作者上、安排教學實踐時遇上嚴重而反覆的疫情、在有限的時間內與協作老師進行共同備課、老師培訓及觀課活動等。

抱着這些猶豫和掙扎，面對一連串的考驗，我仍然繼續往前走，原因有三：

首先，從文獻回顧發現，榮格理論和沙維雅模式分別廣泛應用在心理學和輔導學之中，但二者在學術界或教育界都漸漸遷移應用在別的學科，例如運用榮格理論分析文學作品、從榮格觀點探索童話世界和作家成長心理的關係、將沙維雅模式應用在師生互動、將冰山隱喻應用在教學當中等。這些文獻支持成為我向前實踐的動力，在學術的世界中自由探索。當我看見眾多學者在路途上披荊斬棘，時而碩果累累，時而一無所穫，我更明白到內在出現的懷疑，並不是一個又一個難關，而是一股強大的推動力，驅使我跨越門檻，以行動、實踐的方式驗證自己的推測，與眾人一起掃除障礙，拓寬更大的知識領域。

其次，榮格理論和沙維雅模式對我的啟發至深，無論是在個人成長、人生觀、世界觀方面我都受益不淺，這也喚起了我的使命意識——在有限的能力和時間內創造知識，將智慧傳承，使社會受惠。前人的智慧有着超越時間及空間的力量，學術研究和發現也不應只局限在象牙塔之內流傳。縱然學術研究和實務工作也許有根本的差異，但這不足以成為任何一方將知識強佔的原因。在構思的過程，我刻意將本書的立足點鎖定為兼及理論和實用層面，使本書成為二者的橋樑。這流動的管道促使着互補和交流的發生，有利學術研究者和實務工作者對榮格理論及沙維雅模式有整體的理解，更為上述理論提供向外輸出的渠道——在象牙塔之外傳播和普及。

最後，我與孫悟空一樣，在這趟英雄旅程有着很多伙伴和救援者。榮格及沙維雅的信念和思想在我腦際揮之不去，他們以這種方式在精神層面陪伴着我，闖過難關。他們的追隨者則與我同行，還記得李貴生博士娓娓道來人類心靈廣大的內在世界，介紹榮格理論的集體潛意識、原型、情結、陰影、人格面具、阿尼姆斯、阿尼瑪、本我、心靈能量、個體化、共時性……我通往了自己的內在世界，同時也連結上無數人類的共通特性。盧婉婷女士那幅附有贈言的圖畫：「你是一個奇蹟，擁有成長所需的資源，擁抱希望，作出你想要的改變」，提醒着我感受和彰顯自己源源不絕的生命力。

感謝榮格理論和沙維雅模式，這些知識和智慧充實了我這幾年的旅程，豐富了我的人生。本書並非完美，但我相信讀者會獲得一些趣味和新觀點。而在這個空間和時間內，我的心靈和精神經歷了一趟無限寬廣的驚奇旅程，在個體化的歷程有了一些推進，也多多少少整理了自己的心靈之家，這至少於我而言，已是圓滿。

2022 年 10 月 26 日

參考書目

中文參考文獻

1. 尹世霖、陳文威、潘金英、潘明珠、陳淑貞、李怡 (2006)《快樂學語文 五下第 1 冊》，香港：教育出版社有限公司。

2. 孔方明 (2018) 英雄原型的主題與動機研究方法，《外國語文研究》，28，127-148。

3. 方克強 (1990) 原型模式：《西遊記》的成人禮，《文藝爭鳴》，3，26-32。

4. 王文伶、彭錦珍、張維哲、曾淑賢 (2006) 以讀書治療來進行資優學生的情意教育，《東台灣特殊教育學報》，8，169-190。

5. 成蒂 (2021)《我們之間：薩提爾模式婚姻伴侶治療》，台北：心靈工坊。

6. 余婉兒、蘇潔玉主編 (2011)《我愛學語文 五下第 2 冊》，香港：教育出版社有限公司。

7. 吳光遠 (2021)《讀懂榮格》，台北：海鴿文化出版圖書有限公司。

8. 吳承恩 (1991)《西遊記上》，台北：聯經。

9. 李崇建 (2017)《薩提爾的對話練習》，台北：親子天下。

10. 李貴生 (2009)《靈化無窮：中國神話解讀》，香港：中華書局。

11. 李新民 (2010)《正向心理學在學校教育的應用》，高雄：麗文文化事業股份有限公司。

12. 林春雅 (2020) 薩提亞模式團體輔導對學習困難兒童自主發展能力的干預研究，杭州師範大學碩士學位論文。

13. 哈麗君 (2019) 英雄原型：價值取向與自我建構的影響，中國地質大學碩士學位論文。

14. 胡燕青、王良和、李孝聰、唐秀珍、張永德、葉瑞蓮、謝家浩 (2011)《啟思語文新天地 五下第一冊》，香港：啟思出版社。

15. 香港城市大學正向教育研究室 (2015) 美德與品格強項，檢自 http://www.cityu.edu.hk/ss_posed/content.aspx?lang=zh&title=12，檢索日期：2022.8.1。

16. 朗文中國語文編輯委員會 (2006)《朗文中國語文附自習篇章五下 (二)》，香港：培生香港。

17. 張冬梅、劉婷 (2020) 薩提亞模式在團體輔導中的應用 —— 疫後中小學老師心理調適團體輔導，《江蘇教育》72，24-25、34。

18. 張冬梅 (2020) 薩提亞模式在團體輔導中的應用 ——「疫後老師自我價值」團體輔導，《江蘇教育》，32，23-24。

19. 張冬梅 (2020) 薩提亞模式在團體輔導中的應用 ——「家庭影響覺察」團體輔導，《江蘇教育》，8，17-18。

20. 張瑜 (2021) 閱讀干預活動對減少初二學生負性情緒的實驗研究，南京師範大學教育碩士學位論文。

21. 現代教育研究社編輯委員會 (2012)《二十一世紀現代中國語文小四下第二冊》，香港：現代教育研究社有限公司。

22. 現代教育研究社編輯委員會 (2016)《二十一世紀現代中國語文小四下第一冊 (修訂版)》，香港：現代教育研究社有限公司。

23. 陳煒良主編、吳淑瑩、盧愛蘭合編 (2011)《新編啟思中國語文 (第 2 版) 六上第一冊》，香港：啟思出版社。

24. 曾文志（2006）活出生命的價值 —— 正向心理學的認識，《師友月刊》，464，1-7。

25. 黃慶雲、黃虹堅、宋詒瑞、韋婭、徐守濤、沈惠芳、陳濃、周蜜蜜、馬翠蘿、張秋生（2006）《二十一世紀現代中國語文小四下第二冊》，香港：現代教育研究社。

26. 黃慶萱、林明峪、龔鵬程（2012）《西遊記：取經的卡通》，台北：時報出版。

27. 新亞州出版社編輯委員會（2006）《新亞洲中國語文六年級下學期第二冊》，香港：新亞洲出版社有限公司。

28. 新亞洲出版社編輯委員會（2011）《新·語文六下第一冊》，香港：新亞洲出版社。

29. 趙孟雄（2010）淺議古典文學教學與學生人文素質的養成，《湖北廣播電視大學學報》，30（3），130。

30. 課程發展議會（2008）《小學中國語文建議學習重點（試用）》，香港：香港教育局。

31. 課程發展議會（2017）《中國語文教育學習領域課程指引（小一至中六）》，香港：香港教育局。

32. 學好中國語文編輯委員會（2011）《學好中國語文五上二》，香港：培生香港。

33. 學好中國語文編輯委員會（2011）《學好中國語文六上二》，香港：培生香港。

34. 學思達團隊（2021）《薩提爾縱深對話》，台北：親子天下。

35. 謝煒珞、鄭麗娟、馬嘉敏、文秀賢、馮宗哲、張德明、施想、羅懿文、劉曉萌、馮婉華、梁燕、陳暘、李翠霞（2016）《活學中國語文六上二》，香港：香港教育圖書公司。

36. 鍾聖校 (2012)《正向心理情意：教與學》，台北：五南圖書出版公司。

37. 叢揚洋 (2015)《找到意想不到的自己：薩提亞模式與自我成長》，武漢：武漢大學出版社。

英文參考文獻

1. Basquez, K. (2014). Taking the Archetypes to School. *The Assisi Institute Journal*, 1 (1), 3.

2. Busch, C., Conrad, F. & Steinicke, M. (2013). Digital Games and the Hero's Journey in Management Workshops and Tertiary Education. *Electronic Journal of E-Learning*, 11 (1), 3-15.

3. Cancienne, M. B. (2000). Using Metaphorical Thinking to Understand a Literary Archetype: The Hero's Journey. *VIRGINIA*, 59.

4. DePorres, D. & Livingston, R. E. (2016). Launching New Doctoral Students: Embracing the Hero's journey. *In Developments in Business Simulation and Experiential Learning: Proceedings of the Annual ABSEL Conference* (Vol. 43).

5. Farmer, R. (2018). The Hero's Journey in Higher Education: a Twelve Stage Narrative Approach to the Design of University Modules. *Innovative Practice in Higher Education*, 3 (3).

6. Sheehan, H. & Riddle, S. (2022). The Hero's Journey: Understanding the Experiences and Motivations of International Secondary Students. Discourse: Studies in the Cultural Politics of Education, 43 (6), 971-984.

翻譯參考文獻

1. Anthony Stevens 著，楊韶剛譯 (2015)《簡析榮格》，北京：外語教學與研究出版社。

2. John Banmen 編，鍾谷蘭譯 (2009)《薩提亞冥想：內在和諧、人際和睦與世界和平》，北京：中國經工業出版社。

3. John Banmen 著，鍾谷蘭、宮一棟、衛麗莉、蘇青譯 (2009)《薩提亞轉化系統治療》，北京：中國經工業出版社。

4. Carl Gustav Jung (Carl Gustav) 著，馮川、蘇克譯 (2011)《心理學與文學》，北京：譯林出版社。

5. Carl Gustav Jung，徐德林譯 (1997)《榮格文集：原型與集體無意識 (第 5 卷)》，北京：國際文化出版公司。

6. John Banmen 編，楊東蓉譯 (2019)《當我遇見一個人：薩提爾精選集 1963-1983》，台北：心靈工坊。

7. John Banmen 編，江麗美、魯宓譯 (2008)《薩提爾成長模式的應用》，台北：心靈工坊。

8. Joseph Campbell 著，朱侃如譯 (1997)《千面英雄》，台北：立緒文化事業有限公司。

9. Martin E. P. Seligman 著，洪蘭譯 (2003)《真實的快樂》，台北：遠流。

10. Murray Stein 著，朱侃如譯 (2017)《榮格心靈地圖：人類的先知，神秘心靈世界的拓荒者》，台北：立緒文化。

11. Sharon Loeschen 著，容曾莘薇譯 (2017)《日漸親近……增潤與己與人的關係》，香港：青草地全人發展中心有限公司。

12. Tougas, Kurek, M., & Labossiere, N. 著，容曾莘薇編 (2012)《歷程式活動 100⁺：沙維雅成長模式活動教材 (第一冊：關於本教材・沙維雅的信念・應對習慣／溝通模式・教案大綱示例)》，香港：青草地全人發展中心。

13. Tougas, Kurek, M., & Labossiere, N. 著，容曾莘薇編 (2012)《歷程式活動 100⁺：沙維雅成長模式活動教材 (第二冊：五種自由・互動的要素・回饋・「四隻小豬」)》，香港：青草地全人發展中心。

14. Tougas, Kurek, M., & Labossiere, N. 著，容曾莘薇編 (2012)《歷程式活動 100⁺：沙維雅成長模式活動教材 (第三冊：冰山・我的多面體・家庭規條・轉變的歷程)》，香港：青草地全人發展中心。

15. Tougas, Kurek, M., & Labossiere, N. 著，容曾莘薇編 (2012)《歷程式活動 100⁺：沙維雅成長模式活動教材 (第四冊：隱喻・自我環)》，香港：青草地全人發展中心。

16. Tougas, Kurek, M., & Labossiere, N. 著，容曾莘薇編 (2012)《歷程式活動 100⁺：沙維雅成長模式活動教材 (第五冊：自尊感・自尊錦囊)》，香港：青草地全人發展中心。

17. Virginia Satir, John Banmen, Jane Gerber, Maria Gomori 著，林沈明瑩、陳登義、楊蓓譯 (1998)《薩提爾的家族治療模式》，台北：張老師文化。

18. Virginia Satir, Michele Baldwin, Jane Gerber, Maria Gomori, Johanna Schwab 著，陳文玲譯 (2006)《跟薩提爾學溝通》，台北：張老師文化。

19. Virginia Satir, Michelle Baldwin 著，李瑞玲、黃繡、龔嫻紅譯 (2001)《薩提爾治療實錄—逐步示範與理解》，台北：張老師 文化。

20. Virginia Satir 著，John Banmen, Jane Gerber 編，王境之、區 澤光、林沈明瑩譯 (2014)《沉思靈想》，台北：張老師文化。

21. Virginia Satir 著，吳就君譯 (2006)《聯合家族治療》，台北： 張老師文化。

22. Virginia Satir 著，吳就君譯 (2007)《家庭如何塑造人》，台北： 張老師文化。

23. Virginia Satir 著，吳就君譯 (2014)《與人接觸》，台北：張老 師文化。

24. Virginia Satir 著，朱麗文譯 (2014)《尊重自己》，台北：張老 師文化。

25. Virginia Satir 著，朱麗文譯 (2014)《心的面貌》，台北：張老 師文化。